Julia Gehrig

Kreatives Spielen mit alltäglichen Dingen

Ideen für die Praxis
mit Kindern von 0 bis 3 Jahren

Materialien für die Kinderkrippe

Hase und Igel®

© 2012 Hase und Igel Verlag, Garching b. München
www.hase-und-igel.de
Lektorat: Monika Burger, Insa Janssen
Satz: Margit Kick
Illustrationen: Hendrik Kranenberg
Druck: Himmer AG, Augsburg

ISBN 978-3-86760-867-1

Vorwort

Projekt „Alltagsgegenstände"

Als zentrale Entwicklungsaufgabe erschließt sich das Kleinkind in den ersten Lebensjahren seine Welt. Der aktuellen pädagogischen Sichtweise entsprechend, die das Kind als selbsttätiges und kompetentes Individuum betrachtet, treten Kinder von der Geburt an in einen aktiven und regen Austausch mit ihrer Umwelt: Mit allen Sinnen entdecken und erforschen sie sich selbst und ihre Umgebung. Dabei ist spielerisches Tun das wichtigste Werkzeug.

In diesem Zusammenhang sind gerade Alltagsgegenstände, die Erwachsene täglich benutzen, für Kinder von großem Interesse und haben einen hohen Aufforderungscharakter. Im Gegensatz zu „richtigem" Spielzeug ist bei Dingen des alltäglichen Lebens der Spielzweck nicht vorgegeben. Die Kinder können damit zwar Tätigkeiten der Erwachsenen nachahmen und die Gegenstände „richtig" benutzen, aber zugleich unvoreingenommen experimentieren und fantasievolle und kreative Ideen entwickeln. Da die Spieldinge des Alltags sehr vielseitig sind und aus unterschiedlichsten Materialien bestehen, sind sie ein vielfältiges Lern- und Erfahrungsfeld für die Sinne. So erleben die Kinder beispielsweise, dass Wolle, Watte oder Zeitungspapier auch in größeren Mengen leichter sind als gefüllte Plastikflaschen, Rasseldosen oder ein leerer Kochtopf.

Grundsätzlich sind alle Gegenstände zum Spielen geeignet, die sich in einem Haushalt befinden und für die sich Kinder interessieren. Einschränkungen bestehen nur, sobald einzelne Dinge für die Kinder gefährlich werden können, wie z. B. die Verletzungsgefahr durch ein Messer oder die Erstickungsgefahr durch verschluckbare Kleinteile wie Knöpfe. In diesen Fällen ist eine Begleitung der spielerischen Tätigkeiten durch eine erwachsene Person unbedingt erforderlich!

Alltagsgegenstände aus dem Haushalt sind geradezu hervorragend dazu geeignet, die Neugierde und den Entdeckergeist der Kinder zu wecken – eine wichtige Voraussetzung für die Lernbereitschaft und Aufnahmefähigkeit. Die Erfahrungen, die Kinder im Spiel sammeln können, sind die Grundlage für jedes weitere Lernen.

Aufbau des Materials

Dieser Band gliedert sich in vier Kapitel, die sich an der „Verortung" der verschiedenen Alltagsgegenstände im Haushalt orientieren: Sie kommen aus der Küche, aus dem Bad, sind in Schränken und Schubladen zu finden sowie in der Wertstoffsammlung.

Jedes dieser Kapitel beginnt mit einer kurzen Einführung zur Art der in den Aktivitäten angesprochenen Materialien, zu den entwicklungspsychologischen Hintergründen und zur pädagogischen Zielsetzung. Daran schließen sich jeweils die Spielideen an, die in der Kinderkrippe entweder im Gruppenraum oder in einem großen Bewegungs- bzw. Mehrzweckraum angeboten werden können. Aufgrund der Verfügbarkeit der Gegenstände können Sie einzelne Aktivitäten auch den Eltern als Spiel- und Förderanregung für zu Hause vorschlagen.

Eine übersichtliche Randspalte gibt Auskunft über das Thema und die angesprochenen Bildungs- und Kompetenzbereiche. Da in den ersten drei Lebensjahren die Bandbreite der körperlichen und geistigen Fähigkeiten sehr stark variiert, finden Sie auch eine Altersangabe, ab der der Einsatz des jeweiligen Angebots möglich ist. Dabei kann es sich natürlich nur um eine grobe Richtlinie handeln, die Sie den individuellen Fähigkeiten Ihrer Kinder entsprechend anpassen können. Bei der Angabe zur empfohlenen Anzahl der beteiligten Kinder wird zwischen Einzelangeboten, Aktivitäten für eine Kleingruppe von drei bis fünf Kindern sowie Aktivitäten für eine Gesamtgruppe von zehn bis zwölf Kindern unterschieden. Schließlich werden noch die für die Aktivität benötigten Materialien aufgelistet. Eine Besonderheit stellt die Gestaltungsvorlage (siehe S. 24) dar, die kopiert und im Zusammenhang mit der Aktivität „Spiegelbilder" (S. 23) zum Einsatz kommen kann.

Ich wünsche Ihnen und Ihren Kindern viel Freude und Spaß beim Erkunden der zahlreichen Alltagsgegenstände und viele neue Erfahrungen!

Julia Gehrig

Inhalt

Gegenstände aus der Küche

	Einleitung	6
Topf, Löffel & Co.	Küchenratespiele	7
Topf, Löffel & Co.	Küchenlärm	8
Gabel, Messer, Löffel	Der Besteckkasten	9
Kochlöffel	Greiflöffel	10
Töpfe und Schüsseln	Stapeltürme	11
Geschirrtücher	Tücherpuppen	12
Schraubgläser	Auf und zu	13
Schüsseln und Löffel	Grieß, Reis, Linsen oder Vogelsand	14
Schüsseln, Löffel und Siebe	Schatzsuche	15
Trinkhalme	Trinkhalmspiele	16
Trinkhalme	Trinkhalmkette	17
Eierkartons	Sortierspiele	18
Plastikbeutel	Tastbeutel	19
Tortenguss	Fingerfarben	20
Kartoffelteig	Knetteig	21

Gegenstände aus dem Bad

	Einleitung	22
Spiegel	Spiegelbilder	23
Spiegel	Gestaltungsvorlage: Gesichtsausdrücke	24
Hautcreme	Schneeflocken-Handmassage	25
Seifenschaum	Schaumparty	26
Waschlappen	Fühlbeutel	27
Watte	Weiße Kugeln	28
Wäschekorb	Gefüllter Korb	29
Wäscheklammern	Klammerspiele	30
Toilettenpapier	Toilettenpapier-Ideen	31
Papiertaschentücher	Ein kleines Gespenst	32

Inhalt

Gegenstände aus Schränken und Schubladen

	Einleitung	33
Schuhe	Unser Schuhladen	34
Taschen	Taschen ausräumen	35
Handschuhe	Klingende Handschuhe	36
Taschenlampen	Lichtspielereien	37
Kerzen	Kerzen auspusten	38
Geschenkbänder	Bunte Bänder	39
Wolle	Wollfaden-Spielereien	40
Knöpfe	Knopf-Spielereien	41
Verschiedene kleine Dinge	Legebilder	42
Luftballons	Gefüllte Ballons	43
Tücher	Versteckspiel	44
Decken und Betttücher	Bewegung mit Decken und Tüchern	45
Decken und Betttücher	Deckenschaukel	46
Matratzen und Kissen	Bewegungsanregungen	47
Besen	Besenstiel-Sport	48

Gegenstände aus der Wertstoffsammlung

	Einleitung	49
Plastikflaschen	Leere und volle Flaschen	50
Cappuccinopulverdosen	Steckspiel mit Dosen	51
Joghurtbecher	Becherspiele	52
Schraubglasdeckel	Angelspiel	53
Verschließbare Plastikbehälter	Rasseldosen	54
Tetrapaks	Bausteine	55
Zeitungen	Spiele mit Zeitungspapier	56
Toilettenpapierrollen	Rund um die Rolle	57
Schuhkartons	Karton-Spielereien	58
Schuhkartons	Streichelkiste	59
Pappkartons	Die Kartonstadt	60
Folien und Tapeten	Aus dem Baumarkt	61
Styroporblöcke und Ytongsteine	Kleine Handwerker	62
Verschiedene Wertstoffe	Klebecollagen	63
Verschiedene Wertstoffe	Fantasieplastik	64

Gegenstände aus der Küche

Kleinkinder kennen die Küche meist schon sehr früh als Raum, in dem sie mehrmals täglich längere Zeit verbringen. Viele Eltern nehmen ihr Kind aus praktischen Gründen mit in die Küche, damit es sich in ihrem Sichtfeld befindet. Dabei beobachtet das Kleinkind das Umfeld und die Tätigkeiten der Eltern. Auch Gerüche und Geräusche werden wahrgenommen. Bereits Babys erkennen nach einiger Zeit küchentypische Geräusche, wenn sie z. B. auf ihr Fläschchen oder ihre Mahlzeiten warten.

Für viele Kinder und Erwachsene ist die Küche darüber hinaus viel mehr als ein Ort, wo die Mahlzeiten zubereitet werden: Es ist ein Raum, wo die Gemeinschaft beim Kochen und Essen im Vordergrund steht, wo Unterhaltungen stattfinden und wo gelacht wird. Oftmals verbinden Menschen mit der Küche eine angenehme Atmosphäre und ein Gefühl der Geborgenheit.

Sobald die Kinder sitzen, stehen oder laufen können, erweitert sich ihr Aktionsradius und sie interessieren sich zunehmend für die Gegenstände, die die Eltern oder andere Bezugspersonen regelmäßig benutzen, sodass sie ebenfalls mit Schüsseln und Geschirr hantieren möchten. Zunächst widmen sich die Kinder mit großer Ausdauer dem sensorischen Spiel und erforschen die Eigenschaften von Gegenständen. Im Symbolspiel orientieren sich die Kinder an erwachsenen Vorbildern, deuten beliebige Gegenstände ihren Wünschen entsprechend um und ahmen die Tätigkeiten der Erwachsenen nach.

Materialien aus der Küche haben für Kinder einen hohen Aufforderungscharakter. Vor allem das markante Aussehen und die unterschiedlichen Materialien der Küchengegenstände, wie z. B. Holz, Metall, Plastik, regen die taktile und visuelle Wahrnehmung der Kinder an. Was für Erwachsene „nur" ein Schöpflöffel aus Metall ist, ist für ein kleines Kind ein riesiger, schwerer Gegenstand, in dessen spiegelnder Oberfläche man sich sogar selbst entdecken kann.

Dabei ist es wichtig, dass es sich um die „echten" Gegenstände der Erwachsenen handelt und nicht um speziell für Kinder angefertigtes Spielgeschirr bzw. angeschaffte Dinge. Wenn man ihnen den Umgang damit zutraut, fühlen sich die Kinder ernst genommen und respektiert. Zugleich gewöhnen sie sich auf diese Weise an eine sorgfältige und verantwortungsbewusste Handhabung.

Die Kinder können die Gegenstände selbstständig entdecken und erforschen, bei Erwachsenen beobachtete Tätigkeiten nachahmen und auf diese Weise auch den situationsgemäßen Umgang einüben. Im Sinne Maria Montessoris gelangen die Kinder über das Greifen und die damit verbundene sinnliche Wahrnehmung zum Begreifen – d. h. sie erkunden aktiv und selbsttätig ihre Umwelt und lernen sich darin zurechtzufinden.

Im Zusammenhang mit alltäglichen Materialien aus der Küche bieten sich viele abwechslungsreiche Handlungsmöglichkeiten an. In den im Folgenden dargestellten Aktivitäten finden Sie zahlreiche Anregungen exemplarisch zusammengestellt.

Gerade in der Küche sollten Sie unbedingt darauf achten, dass Kinder Gegenstände, die für sie gefährlich sind, wie z. B. heiße Herdplatten oder scharfe Messer, nicht erreichen können.

Natürlich muss die Beschäftigung mit Materialien aus der Küche nicht zwingend in der Küche selbst stattfinden. Sie können diese Gegenstände den Kindern auch in einem Gruppenraum zum Spielen anbieten.

Topf, Löffel & Co.

Küchenratespiele

Kinder, die gerade zu sprechen beginnen, interessieren sich für die Bezeichnungen verschiedener Gegenstände. Sie wollen alles benennen. Bei diesen Aktivitäten lernen sie spielerisch die Begriffe für verschiedene Küchengegenstände kennen und trainieren zugleich ihre Merkfähigkeit. Über die Anzahl der verwendeten Gegenstände können Sie den Schwierigkeitsgrad variieren.

Wie heißt das?

- Breiten Sie ein Tuch auf dem Tisch oder auf dem Boden aus.
- Legen Sie verschiedene Küchenutensilien auf das Tuch und benennen Sie diese jeweils, z. B.: „Das ist ein Topf.", „Jetzt lege ich einen Kochlöffel hin."
- Bitten Sie nun die Kinder, jeweils auf einen Gegenstand zu zeigen bzw. Ihnen diesen zu geben, z. B.: „Wo ist der Topf?", „Zeig mir den Kochlöffel.", „Gib mir bitte den Becher."

Merkspiel

- Sobald die Kinder die Gegenstände einigermaßen sicher benennen können, decken Sie die Küchenutensilien mit einem zweiten Tuch ab.
- Entfernen Sie mithilfe des Tuchs verdeckt einen Gegenstand und legen Sie ihn eingewickelt zur Seite. Die übrigen Dinge liegen wieder offen da.
- Die Kinder versuchen nun zu erraten, was fehlt.

Memory

- Legen Sie von jedem Gegenstand zwei Exemplare auf das Tuch, also z. B. zwei Löffel und zwei Töpfe.
- Entfernen Sie mithilfe eines zweiten Tuchs (s. o.) verdeckt einen Gegenstand.
- Die Kinder finden heraus, welcher Gegenstand jetzt nur noch einmal vorhanden ist.

Tastspiel

- Legen Sie verschiedene Gegenstände auf ein Tuch und lassen Sie die Kinder diese kurz betrachten.
- Stecken Sie dann einen Gegenstand verdeckt in einen Stoffbeutel.
- Ein Kind greift nun in den Beutel und tastet den sich darin befindenden Gegenstand ab, um herauszufinden, worum es sich handelt.

Varianten:
Es ist schwieriger, den Gegenstand zu ertasten, wenn die Kinder die Gegenstände zuvor nicht betrachten konnten.
Stecken Sie mehrere Gegenstände in einen Stoffbeutel. Die Kinder können dann einen Gegenstand auswählen, den sie benennen möchten.

Thema:
Küchengegenstände kennenlernen

Bildungsbereiche:
Sprache, Natur und Umwelt

Kompetenzbereiche:
Wortschatz erweitern, Merkfähigkeit schulen, Feinmotorik verfeinern

Alter:
ab 18 Monate

Anzahl:
Kleingruppe

Material:
beliebige Küchenutensilien, z. B. je 2 Töpfe, Kochlöffel, Becher, leere Plastikflaschen, Plastikdosen, Küchenreiben, 2 Tücher

Topf, Löffel & Co.

Thema:
Klänge und Geräusche

Bildungsbereich:
Musik

Kompetenzbereiche:
Auge-Hand-Koordination verfeinern, auditive Wahrnehmung und Experimentierfreude entwickeln, Klänge entdecken

Alter:
ab 18 Monate

Anzahl:
Klein- oder Gesamtgruppe

Material:
beliebige Küchengegenstände aus Metall oder Plastik, auf die z. B. mit einem Kochlöffel geschlagen werden kann, z. B. Topf, Plastikschüssel, Kuchenförmchen, Schnur oder dünnes Seil, Kochlöffel, Tee- oder Esslöffel, Schneebesen, kleine Plastikverpackungen, z. B. von Überraschungseiern oder Tablettenröhrchen

Achtung!
Nur bruchsichere Gegenstände verwenden!

Küchenlärm

Mithilfe von Küchenutensilien lassen sich auf verschiedenste Weise Klänge und Geräusche erzeugen. Sobald die Kinder sicher sitzen, können sie gegen hängende oder liegende Gegenstände schlagen. Oft ist es für die Kinder gar nicht so einfach, die Gegenstände zu treffen.

Klangkette

- Befestigen Sie verschiedene Küchenutensilien aus Metall an einer stabilen Schnur oder einem dünnen Seil.
- Hängen Sie die Schnur in Augenhöhe der Kinder auf.
- Die Kinder schlagen mit einem Kochlöffel oder Schneebesen gegen die frei schwingenden Gegenstände und erzeugen so verschiedene Klänge.
- Wie unterscheiden sich die Art der Töne, die Tonhöhe und die Dauer des Klangs?

Klangstraße

- Verschiedene Töpfe, Schüsseln sowie weitere geeignete Küchengegenstände werden mit der Öffnung nach unten nebeneinander auf einem Tisch oder auf dem Boden angeordnet.
- Mit einem Kochlöffel, Schneebesen oder Löffel erzeugen die Kinder nun durch Schlagen oder Reiben unterschiedliche Geräusche.

Schneebesen-Rassel

- Stecken Sie zwischen den Drähten eines Schneebesens eine kleine leere Plastikverpackung, z. B. von einem Überraschungsei oder von Bonbons hindurch, sodass diese sich innerhalb der Schneebesendrähte befindet.
- Schüttelt ein Kind den Schneebesen am Griff, so entstehen rasselnde Geräusche.

Gabel, Messer, Löffel

Der Besteckkasten

Im Alltag der Kinderkrippe bieten sich lebenspraktische Tätigkeiten wie Herausholen bzw. Aufräumen des Bestecks als pädagogische Angebote an. Beim Sortieren des Bestecks lernen Kinder ab zwei Jahren das Ordnen nach bestimmten Merkmalen und haben überdies viel Spaß dabei.

Wie heißt das?

- Betrachten Sie gemeinsam mit den Kindern den Inhalt des Besteckkastens: Was befindet sich darin? Wie heißen die einzelnen Besteckteile?
- Jedes Kind nimmt jedes Besteckteil einmal in die Hand und untersucht es: Was ist für Messer, Gabel und Löffel jeweils typisch? Wie unterscheiden sie sich? Wozu werden sie verwendet?

Tisch decken

- Beteiligen Sie die Kinder am Decken des Tisches für die Mahlzeiten, indem Sie z. B. sagen: „Heute brauchen wir Gabeln und kleine Löffel."
- Die Kinder holen das benötigte Besteck aus dem Besteckkasten und legen es auf den Tisch. Ggf. ordnen sie es den Tellern bzw. Plätzen der Kinder zu.

Besteckkasten einräumen

- Wenn die Kinder die einzelnen Besteckteile kennen, leeren Sie den Besteckkasten komplett aus. Das kann auch im Zusammenhang mit einer Reinigung geschehen.
- Zeigen Sie nun, in welches Fach welche Besteckteile gehören, und legen Sie jeweils eines beispielhaft hinein.
- Die Kinder betrachten nun die restlichen Besteckteile, benennen sie und legen sie in das entsprechende Fach: „Der kleine Löffel gehört zu den kleinen Löffeln." – „Das Messer lege ich zu den anderen Messern."

Tipps:
Achten Sie darauf, dass die Kinder den Besteckkasten gut erreichen können. Nehmen Sie ihn dafür am besten aus der Schublade bzw. ziehen Sie die Schublade komplett heraus.
Nach dem Geschirrspülen bzw. beim Ausräumen der Spülmaschine kann jeweils ein Kind helfen, das Besteck in den Besteckkasten zu räumen und somit das Sortieren trainieren.

Thema:
Ordnen und sortieren

Bildungsbereich:
mathematische Grunderfahrungen

Kompetenzbereiche:
Gegenstände kennenlernen, lebenspraktische Fähigkeiten ausbilden

Alter:
ab 24 Monate

Anzahl:
1 Kind oder Kleingruppe

Material:
Besteckkasten mit Besteck, alternativ Plastikbesteck

Achtung!
Um Verletzungen zu vermeiden, dürfen die Messer weder spitz sein noch eine scharfe Klinge haben!

Kochlöffel

Thema:
Greifen

Bildungsbereich:
Bewegung

Kompetenzbereiche:
Auge-Hand-Koordination verfeinern, Kraft ausbilden

Alter:
6 – 12 Monate

Anzahl:
1 Kind

Material:
Kochlöffel

Greiflöffel

Mit zunehmender Sehfähigkeit ist die Auge-Hand-Koordination im Alter von etwa sechs Monaten so weit ausgebildet, dass Kinder gezielt nach Gegenständen greifen. Alltagsgegenstände, wie z. B. ein Kochlöffel, können zur Schulung der Feinmotorik zum Einsatz kommen, da sie einen hohen Aufforderungscharakter haben.

Kochlöffel greifen

- Das Kind liegt auf einer bequemen Unterlage auf dem Rücken.
- Zeigen Sie dem Kind in erreichbarer Entfernung einen Kochlöffel, sodass es danach greifen kann. Je nachdem, ob Sie den Löffel waagrecht oder senkrecht halten, muss das Kind seine Hand entsprechend ausrichten.
- Wiederholen Sie diese Übung mehrmals, wenn das Kind den Griff jeweils wieder gelöst hat.

Tipp:
Lassen Sie den Kochlöffel nie komplett los, da er für ein Kleinkind noch zu schwer ist und ihm aus der Hand fallen könnte.

Am Kochlöffel hochziehen

- Wenn das auf dem Rücken liegende Kind schon seinen Kopf etwas heben kann, bieten Sie ihm den Kochlöffel waagrecht zum Greifen an.
- Sobald sich das Kind mit beiden Händen daran festhält, können Sie versuchen, es mithilfe des Kochlöffels vorsichtig ein Stück nach oben in Richtung Sitzposition zu ziehen. Sichern Sie das Kind dabei mit einer Hand im Rücken, falls seine Kraft nachlassen sollte!
- Mit etwas Übung gelingt es dem Kind immer besser, sich hochzuziehen und den Kopf zu heben. Achten Sie darauf, dass das Kind sich auch wirklich selbst am Kochlöffel hochzieht.

Töpfe und Schüsseln

Stapeltürme

Beim Auf- und Ineinanderstapeln ist es erforderlich, zuvor abzuschätzen, ob die Schüsseln auch aufeinandergestellt bzw. ineinandergesteckt werden können. Darüber hinaus ist es wichtig, die Töpfe und Schüsseln möglichst genau aufeinanderzustellen, damit der Turm nicht einstürzt.

Aufeinanderstapeln

- Stellen Sie den Kindern fünf bis zehn Plastikschüsseln in unterschiedlicher Form (rund/eckig) und Größe zur Verfügung.
- Die Kinder versuchen, die Schüsseln nach der Form und/oder der Größe – von der kleinsten zur größten – zu sortieren.
- Anschließend stapeln sie die Schüsseln jeweils mit der Öffnung nach unten übereinander, wobei sie mit der größten Schüssel beginnen. Dabei zeigt sich, ob die zuvor gelegte Reihenfolge richtig ist.

Tipp:
Stellen Sie zwei Kindern oder zwei Kleingruppen jeweils die gleichen Schüsseln zum Stapeln zur Verfügung. Wer baut den höchsten Turm?

Ineinanderstapeln

- Alternativ können verschiedene Schüsseln oder Becher auch ineinandergesteckt werden.
- Die Kinder machen dabei die Erfahrung, dass der Turm nur dann in die Höhe wächst, wenn alle Schüsseln oder Becher in etwa gleich groß sind. Ist die jeweils nächste Schüssel dagegen kleiner als die vorherige, verschwinden alle Schüsseln in der größten Schale

Variante:
Statt der Plastikschüsseln sind auch Töpfe mit jeweils zwei Griffen geeignet. Beim Ineinanderstapeln sollten jeweils die beiden Griffe auf dem Rand des darunterstehenden Topfes aufliegen können. Passt der Topf nicht komplett in den unteren Topf hinein, so wird der Turm instabil.

Tipp:
Führen Sie den Kindern die Aufgaben beispielhaft vor, damit sie es nachahmen können.

Thema:
Sortieren und stapeln

Bildungsbereiche:
Bewegung, Naturwissenschaft und Technik, mathematische Grunderfahrungen

Kompetenzbereiche:
Feinmotorik verfeinern, Formen und Größen erkennen

Alter:
ab 12 Monate

Anzahl:
Kleingruppe

Material:
Plastikschüsseln, Becher und andere Behälter

Achtung!
Nur bruchsichere Schüsseln verwenden!

Geschirrtücher

Tücherpuppen

Tücherpuppen, die kleine Geschichten erzählen bzw. sich mit den Kindern unterhalten, können z. B. im Rahmen des Morgenkreises ein sich wiederholendes Element des Gruppenalltags sein. Als Teil eines Geburtstagsrituals können die Tücherpuppen bei einem Fingerspiel zum Einsatz kommen. Die Kinder können natürlich auch selbst kleine Rollenspiele damit durchführen.

> **Vorbereitung:**
> Für eine Tücherpuppe knüpft man in eine Ecke eines Geschirrtuchs einen Knoten, sodass die Spitze oberhalb noch etwas herausragt. Nun steckt man einen Zeigefinger von unten in den Knoten und legt sich das Geschirrtuch über den Handrücken. Daumen und Mittelfinger werden als Arme jeweils zur Seite gestreckt, Ringfinger und kleiner Finger können evtl. das herunterhängende Tuch etwas festhalten. Wer will, kann auf den Knoten noch ein Gesicht aufmalen.

Mit zwei Tücherpuppen kann man dieses bekannte Fingerspiel durchführen, das die Kinder bald mitsprechen werden:

Himpelchen und Pimpelchen stiegen auf einen Berg.	*zwei Tücherpuppen gegenüber halten*
Himpelchen war ein Heinzelmann	*mit der linken Tücherpuppe wackeln*
und Pimpelchen war ein Zwerg.	*mit der rechten Tücherpuppe wackeln*
Sie blieben lange dort oben sitzen	*beide Tücherpuppen ruhig halten*
und wackelten mit ihren Zipfelmützen.	*mit beiden Tücherpuppen wackeln*
Doch nach siebenundzwanzig Wochen	
sind sie in den Berg gekrochen.	*beide Tücherpuppen verschwinden hinter dem Rücken*
Dort schlafen sie in seliger Ruh,	
sei mal still und hör gut zu!	*schnarchen*

Variante:
Für die Gestaltung einer Tücherpuppe wird alternativ ein Stück Geschirrtuch über einen ausgestreckten Zeigefinger gelegt. Dann steckt man als Kopf eine Holzkugel mit einem entsprechend großen Loch über das Tuch auf den Zeigefinger. Die Kugel sollte fest auf dem Finger stecken. Zum Aufmalen eines Gesichts auf die Kugel verwendet man am besten einen Holzfarbstift, dessen Spitze etwas angefeuchtet wurde.

Tipps:
Je nach Größe des Geschirrtuchs empfiehlt es sich, dieses ggf. in kleinere Stücke zu zerschneiden.
Aus Geschirrtüchern können für Geschichten auch weitere Requisiten gestaltet werden. So entsteht beispielsweise aus einem gestärkten, grünen Tuch, das in der Mitte gegriffen und aufgestellt wird, ein Tannenbaum. Es kann aber auch zu einem Laubblatt geformt werden. Ein blaues Tuch stellt ausgebreitet einen See dar und für die Sonne wird ein gelbes Tuch oberhalb der Szene aufgehängt. In Kombination mit Naturmaterialien wie z. B. Zapfen, Eicheln, Stöckchen, Schneckenhäusern oder Hölzern können die Tücher auch im Freispiel als Bau- und Gestaltungsmaterial zum Einsatz kommen.

Schraubgläser

Auf und zu

Das Auf- und Zuschrauben von Deckeln erfordert Geschicklichkeit und schult die Handmotorik: Eine Hand hält den Behälter, die andere Hand dreht den Deckel in die jeweils richtige Richtung.

Aufschrauben

- Alle Dosen, Flaschen und Gläser liegen verschlossen in einem Korb.
- Jedes Kind wählt sich einen Behälter aus und versucht den Deckel abzuschrauben.
- Behälter und Deckel werden nebeneinander abgelegt.

Tipp:
Als Anreiz für das Öffnen der Behälter können Sie jeweils einen kleinen interessanten Gegenstand, wie z.B. eine kleine Figur, hineinlegen.

Zuschrauben

- Stellen Sie jeweils zusammengehörige Behälter und Deckel nebeneinander.
- Die Kinder versuchen nun, die Deckel auf die zugehörigen Flaschen, Dosen oder Gläser wieder aufzuschrauben. Sie finden dabei heraus, wie sie den Deckel möglichst gerade aufsetzen und ihn in die richtige Richtung, nämlich im Uhrzeigersinn, drehen können.

Variante:
Wenn die Behälter und Deckel einzeln im Korb liegen, müssen die Kinder zunächst den jeweils passenden Deckel finden. Hier ist unter Umständen einiges Probieren erforderlich.

Tipp:
Kindern macht es besonders viel Spaß, in Behältern einen kleinen Gegenstand zu verstecken, bevor sie ihn verschließen.

Thema:
Deckel auf- und zudrehen

Bildungsbereiche:
Bewegung, Naturwissenschaft und Technik

Kompetenzbereiche:
Handmotorik verfeinern, Dinge einander zuordnen

Alter:
ab 24 Monate

Anzahl:
Kleingruppe

Material:
verschiedene Behälter mit Schraubdeckeln, z.B. Cremedosen, Gewürzdosen, Plastikflaschen von Trinkjoghurt oder Flüssigwaschmittel, kleine leere Marmeladengläser, Korb

Schüsseln und Löffel

Thema:
Fühlen und schütten

Bildungsbereiche:
Naturwissenschaft und Technik, mathematische Grunderfahrungen

Kompetenzbereiche:
Konzentrationsfähigkeit weiterentwickeln, Entspannung erleben, Mengen erkennen und einschätzen

Alter:
ab 6/18 Monate

Anzahl:
Kleingruppe

Material:
große Wanne mit Grieß, Reis, Linsen oder Vogelsand (siehe nebenstehend), kleine Plastikbehälter, Puppengeschirr, Löffel oder kleine Soßen-Schöpflöffel, Unterlage, verschiedene Plastikbehälter, Plastiklöffel (z. B. Messlöffel für Kaffee), Schöpflöffel

Grieß, Reis, Linsen oder Vogelsand

Materialien wie Grieß, Reis oder Linsen ermöglichen besondere Tasterlebnisse und fördern so die vestibuläre Wahrnehmung. Es ist immer wieder erstaunlich, wie intensiv, konzentriert und ausdauernd sich Kinder damit beschäftigen können.
Wenn Sie keine Lebensmittel einsetzen möchten, ist insbesondere für große Mengen Vogelsand geeignet. Er ist in Kilo- oder Fünf-Kilo-Packungen preisgünstig im Zoofachhandel erhältlich, hat eine sehr feine Körnung, ist keimfrei und hat den Vorteil, dass er nicht staubt. Darüber hinaus kann man ihn gut lagern und mehrmals verwenden.
Etwas aufwendiger ist es, wenn die Kinder aus selbst gesammelten Maiskolben die Körner herauslösen und diese als Schüttmaterial verwenden.

Tasterfahrungen

- Breiten Sie auf dem Boden ein Bettlaken oder eine große Plastiktischdecke als Unterlage aus. Diese Maßnahme erleichtert Ihnen später das Aufräumen, da Sie mithilfe der Decke das verteilte Schüttmaterial in die Schüssel zurückschütten können.
- Die Kinder sitzen nur mit der Windel bekleidet auf der Unterlage.
- Lassen Sie den Kindern das Schüttmaterial über die Hände und durch die Finger rieseln.
- Die Kinder greifen nun nach dem Schüttmaterial, rühren mit den Händen darin, lassen es über ihren Körper rieseln oder legen sich auch hinein.

Variante:
Auch durch Trichter und grobmaschige Siebe kann das Schüttmaterial hindurchrieseln.

Tipp:
Verstecken Sie im Schüttmaterial ein Spielzeug, das alle gemeinsam suchen.

Schütten

- Stellen Sie den Kindern verschiedene Behälter und Löffel zur Verfügung.
- Die Kinder experimentieren nun selbstständig mit den Materialien, indem sie sie mithilfe der Löffel ein- und umfüllen, rühren und anschließend wieder ausschütten können.

Variante:
Im Herbst können Sie eine große Kiste Kastanien als Schüttmaterial anbieten. Dafür sind größere Plastikschüsseln und Schöpflöffel erforderlich.

Tipp:
Lassen Sie während des Angebots im Hintergrund leise Musik laufen. Die Kinder lauschen und werden dabei ruhig.

Schüsseln, Löffel und Siebe

Schatzsuche

Eine Schatzsuche erzeugt Spannung und weckt die Neugierde der Kinder. Da ein bestimmter Ablauf eingehalten werden muss, eignet sich dieses Angebot erst für ältere Kinder.

Vorbereitung:

Stellen Sie für jedes Kind auf eine Serviette drei Schüsseln: Eine Schüssel ist mit Vogelsand gefüllt, in dem sich kleine Edelsteinchen befinden. Die beiden anderen Schüsseln sind leer, auf einer davon befindet sich ein Teesieb.

- Erklären Sie den Kindern, dass in dem Vogelsand kleine Schätze versteckt sind, die sie herausholen sollen.
- Lassen Sie die Kinder vermuten, wie sie das mithilfe der angebotenen Materialien durchführen können. Vielleicht verfügen einzelne Kinder bereits über entsprechende Erfahrungen mit Sieben.
- Besprechen Sie mit den Kindern den Ablauf des Siebverfahrens und führen sie ihn zunächst mehrmals gemeinsam durch:
  - Als Erstes geben die Kinder mithilfe des Plastiklöffels eine kleine Menge Vogelsand aus der ersten Schüssel in das Teesieb.
  - Dann sieben sie über der zweiten Schüssel den Vogelsand, sodass im Teesieb die kleinen Edelsteinchen – der „Schatz" – zurückbleiben.
  - Der „Schatz" wird zum Schluss in die dritte Schüssel gefüllt.
- Diese Abfolge wird nun solange wiederholt, bis die erste Schüssel leer ist und sich Sand und Steinchen getrennt in den beiden anderen Schüsseln befinden.
- Unterstützen Sie die Kinder, falls sie bei diesem Verfahren noch Hilfe benötigen.

Tipp:
Wenn die Kinder ihren Schatz in eine Streichholzschachtel füllen, können sie ihn mit nach Hause nehmen.

Variante:
Eine Schatzsuche kann im Rahmen von Geburtstagsfeiern mithilfe einer mit Vogelsand gefüllten Wanne stattfinden. Das Geburtstagskind sucht sein Geschenk im Sand (evtl. mithilfe einer kleinen Sandschaufel), gräbt es aus und darf es schließlich auspacken.

Thema:
Schütten und sieben

Bildungsbereiche:
Naturwissenschaft und Technik, Bewegung

Kompetenzbereiche:
Konzentrationsfähigkeit weiterentwickeln, Ablauf einhalten, Neugierde wecken, Feinmotorik verfeinern

Alter:
ab 30 Monate

Anzahl:
Kleingruppe

Material:
Vogelsand, kleine Edelsteinchen oder mit Goldspray besprühte Steinchen

Material pro Kind:
Papierserviette, 3 kleine Schüsseln, Teesieb, Plastiklöffel (z. B. Messlöffel für Kaffee oder Milchpulver), ggf. Streichholzschachtel

Trinkhalme

Thema:
Pusten und saugen

Bildungsbereiche:
Bewegung, Sprache

Kompetenzbereich:
Mundmotorik verfeinern

Alter:
ab 30 Monate

Anzahl:
Kleingruppe

Material:
Wattebausch, Wasserfarben oder Lebensmittelfarben, Papier, Schüssel, Papierschnipsel

Material pro Kind:
Trinkhalm

Trinkhalmspiele

Das Pusten durch bzw. Ansaugen mit einem Trinkhalm fördert die Mundmotorik. Die Kinder nehmen dabei ihren Mundraum bewusst wahr. Für die Sprachentwicklung sind spielerische Übungen zur Beweglichkeit und Geschicklichkeit von Lippen und Zunge von großer Bedeutung.

Wasser blubbern

Die Kinder blasen mit ihrem Trinkhalm in eine mit Seifenwasser gefüllte flache Schüssel und erzeugen damit Luftblasen. Zugleich entsteht dabei ein lustiges Geräusch.

Wattebausch pusten

- Legen Sie ein paar Wattebäusche auf den Tisch und demonstrieren Sie den Kindern, wie sie diese mithilfe des Trinkhalms über den Tisch pusten können.
- Kinder müssen oft erst üben, wie sie pusten müssen, damit auf der anderen Seite des Trinkhalms nicht nur Spucke, sondern auch Luft herauskommt.

Tipps:
Die Kinder sollen versuchen so zu pusten, dass kein Wattebausch vom Tisch fällt (siehe S. 28).
Legen Sie eine Start- und Ziellinie mit farbigem Klebeband auf dem Tisch fest. Wer schafft es, einen Wattebausch mit dem Trinkhalm über die Strecke zu pusten, ohne dass er hinunterfällt?

Farben pusten

- Sobald die Kinder mit dem Trinkhalmpusten vertraut sind, können sie damit Farbtropfen pusten.
- Jedes Kind erhält ein Blatt Papier, auf das etwas Wasserfarbe getropft wurde.
- Die Kinder pusten auf den Tropfen und verteilen auf diese Weise die Farbe auf dem Papier.

Tipps:
Zum Pusten eignet sich auch mit Wasser angerührte Lebensmittelfarbe. Das so gestaltete Papier eignet sich als Geschenkpapier oder es können daraus Formen, z. B. Stern oder Handumriss, ausgeschnitten werden.

Papiersauger

- Auf dem Tisch verteilt liegen viele kleine Papierschnipsel herum.
- Jedes Kind nimmt einen Trinkhalm in den Mund, saugt jeweils ein Stück Papier an und befördert es in eine Schüssel.
- Falls nötig, können Sie den Kindern erklären, dass sie während des Transports die Luft anhalten müssen, damit das Papier am Trinkhalm haften bleibt.

Trinkhalme

Trinkhalmkette

Für erste Schneideerfahrungen mit der Schere sind Trinkhalme gut geeignet, weil sie im Gegensatz zu einem Blatt Papier beim Schneiden relativ stabil bleiben und nicht nachgeben.

Trinkhalme schneiden

- Jedes Kind zerschneidet mehrere Trinkhalme mit der Kinderschere in ca. 2 bis 3 cm lange Schnipsel.
- Diese Trinkhalmschnipsel werden in einer Schüssel gesammelt.

Trinkhalme auffädeln

- Jedes Kind erhält ein langes Stück Plastikschnur.
- Nacheinander wird ein Trinkhalmschnipsel nach dem anderen aufgefädelt.
- Die fertigen Trinkhalmketten können als Dekoration an die Wand oder vor ein Fenster gehängt werden.

Thema:
Schneiden und fädeln

Bildungsbereiche:
Kunst und Kultur, Bewegung

Kompetenzbereiche:
Feinmotorik verfeinern, Kreativität entfalten

Alter:
ab 30 Monate

Anzahl:
Kleingruppe

Material:
Trinkhalme, dicke Plastikschnur

Material pro Kind:
Kinderschere

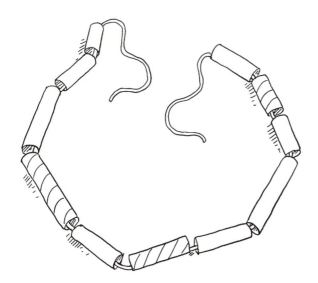

Tipps:
Stabile Plastikschnur ist im Bastelbedarf erhältlich und besser geeignet als Wolle, weil sie beim Auffädeln gezielt durch den Trinkhalm gesteckt werden kann und nicht nach unten hängt.
Zusätzlich zu den Trinkhalmschnipseln oder alternativ eignen sich auch kurze Röhrchennudeln zum Auffädeln.
Zwischen den Trinkhalmschnipseln können auch kleine Perlen aufgefädelt werden.

Eierkartons

Thema:
Sortieren und zuordnen

Bildungsbereiche:
Kunst und Kultur, mathematische Grunderfahrungen

Kompetenzbereiche:
Feinmotorik verfeinern,
Kreativität entfalten,
Konzentrationsfähigkeit weiterentwickeln

Alter:
ab 24 Monate

Anzahl:
Kleingruppe

Material:
mehrere Eierkartons, Fingerfarben oder Wasserfarben und Pinsel, Schüssel, Farbwürfel, farbige Bauklötze in den Farben eines Farbwürfels, Kieselsteine, getrocknete Erbsen

Sortierspiele

In Eierkartons lassen sich in die Vertiefungen viele verschiedene Dinge hineinlegen. Damit haben sie einen hohen Aufforderungscharakter und laden zu Sortierspielen ein.

> **Vorbereitung:**
>
> Die Vertiefungen von mehreren Eierkartons werden mit Fingerfarben oder Wasserfarben farbig gestaltet. Bei Eierkartons mit sechs Vertiefungen empfiehlt es sich, die Farben eines Farbwürfels zu wählen. Gleichzeitig sollten einige Kieselsteine in denselben Farben bemalt werden.

Muster legen

- Zwei Kinder haben vor sich je einen Eierkarton liegen.
- Ein Kind verteilt bunte Bauklötze in die Vertiefungen.
- Das zweite Kind versucht, in seinem Eierkarton genau diese Verteilung nachzulegen.

Variante:
Die Schwierigkeit kann gesteigert werden, wenn einzelne Vertiefungen leer bleiben.

Erbsen verteilen

Die Kinder haben eine Schüssel mit Erbsen zur Verfügung und verteilen diese in die sechs bzw. zehn Vertiefungen einer Eierschachtel möglichst gleichmäßig. Wie kann man dabei vorgehen?

Farben würfeln

- Zwei bis vier Kinder haben jeweils einen farbig gestalteten Sechser-Eierkarton vor sich liegen.
- Sie würfeln der Reihe nach mit einem Farbwürfel und legen jeweils einen farbigen Bauklotz in das entsprechende Fach. Ist das Fach bereits belegt, ist das nächste Kind an der Reihe.
- Wer hat als Erstes in jedem Fach einen Bauklotz?

Bauklötze sortieren

Die Kinder sortieren die farbigen Bauklötze in die entsprechenden farbigen Vertiefungen des Eierkartons ein.

Variante:
Statt Bauklötzen ist es auch möglich, bunt bemalte Kieselsteine zum Sortieren zu verwenden. Allerdings ist dabei zu beachten, dass die Kinder die Steine nicht in den Mund stecken und evtl. verschlucken!

Plastikbeutel

Tastbeutel

Anhand dieses rasch selbst hergestellten Spielzeugs können die Kinder vielfältige Hör- und Tasterfahrungen mit unterschiedlichen Materialien sammeln. Achten Sie darauf, dass die Kinder die Beutel nicht in den Mund stecken, da die Möglichkeit besteht, dass sie mit ihren Zähnen Löcher hineinbeißen und das Füllmaterial herausfällt.

Knisterbeutel

- Stellen Sie den Kindern mehrere mit verschiedenen Materialien gefüllte Plastikbeutel zur Verfügung. Achten Sie darauf, dass die Beutel mit einem Knoten gut verschlossen sind und sich kaum Luft darin befindet, damit die Materialien gut spürbar sind.
- Besonders faszinierend ist auch ein leerer Beutel, der nur Luft enthält.
- Die Beutel regen zum Tasten, Greifen und Horchen an.

Tipps:
Damit die Plastikbeutel besonders gut rascheln, können Sie sogenannte „Brotzeitbeutel" aus relativ dünner Plastikfolie verwenden. Achten Sie aber darauf, dass das Material nicht reißt.
Für kleinere Kinder eignen sich auch „Fühlbeutel", die aus einem Waschlappen hergestellt werden (siehe S. 27).

Wasserbeutel

- Außer mit festen Materialien können Sie einen Plastikbeutel auch mit etwas Wasser füllen. Die Schwierigkeit beim Greifen besteht darin, dass es nicht ganz einfach ist, den Gegenstand festzuhalten, da er zurückweicht.
- Bieten Sie mit kaltem und lauwarmem Wasser gefüllte Plastikbeutel an. Die Kinder spüren hierbei die unterschiedliche Temperatur.
- Diese Beutel können auch Kleinkinder mit beiden Händen packen, die noch wenig Übung mit dem Greifen haben.

Tipp:
Um zu vermeiden, dass die Kinder in den Plastikbeutel ein Loch beißen, empfiehlt es sich, den Wasserbeutel in einen zweiten Plastikbeutel zu stecken und diesen ebenfalls gut zu verknoten. Als Wasserbeutel eignet sich auch ein Bratschlauch.

Variante:
Eine im Wasserbeutel schwimmende Holzkugel bietet einen zusätzlichen Anreiz zum Tasten.

Thema:
Tasten und greifen

Bildungsbereiche:
Bewegung, Musik, Natur und Umwelt

Kompetenzbereiche:
taktile und auditive Wahrnehmung entwickeln, Temperaturen erleben

Alter:
6–12 Monate

Anzahl:
1 Kind

Material:
stabile Plastikbeutel, Füllmaterial wie z. B. Reis, Murmeln, Perlen, Watte, Tannenzapfen etc., kaltes und lauwarmes Wasser

Tortenguss

Thema:
Tasten

Bildungsbereiche:
Natur und Umwelt,
Kunst und Kultur

Kompetenzbereiche:
Materialien kennenlernen, taktile Wahrnehmung entwickeln, Kreativität entfalten

Alter:
ab 6 Monate

Anzahl:
Kleingruppe

Material:
2 Päckchen klarer Tortenguss, mehrere Lebensmittelfarben (Pulver), Kochtopf, Schneebesen, Wasser, kleine Schüsseln, stabile Folie oder Plastiktischdecke, warmes Wasser, Waschlappen, Handtücher

Fingerfarben

Das Hantieren mit Fingerfarben ermöglicht außergewöhnliche Tasterfahrungen. Da Kleinkinder beim Erkunden ihrer Umwelt noch viele Gegenstände in den Mund stecken, stellt farbiger Tortenguss ein hervorragendes Material dar, das Sie ganz ohne Bedenken verwenden können.

> **Vorbereitung:**
>
> Verrühren Sie entsprechend der Anleitung auf der Packung zwei Päckchen Tortenguss mit einem halben Liter kaltem Wasser. Die Mischung nun unter Rühren aufkochen und etwas abkühlen lassen. Je nachdem, wie viele verschiedene Farben Sie zur Verfügung haben, teilen Sie die Masse in entsprechend viele gleich große Mengen auf und rühren nach Belieben Lebensmittelfarbe unter. Geben Sie jede Farbe in eine eigene Schüssel und stellen Sie diese etwa eine Stunde in den Kühlschrank, damit der Tortenguss erkaltet.

- Decken Sie in einem gut beheizten Raum den Boden mit einer stabilen Folie oder einer Plastiktischdecke ab.
- Kippen Sie den erkalteten Tortenguss an mehreren Stellen auf die Unterlage.
- Setzen Sie nun die nur mit einer Windel bekleideten Kleinkinder auf die Unterlage und lassen Sie sie matschen: Sie „zerpflücken" den farbigen Tortenguss, verstreichen ihn mit den Händen auf der Unterlage und wälzen sich vielleicht sogar darin.
- Es ist auch in Ordnung, wenn einzelne Kinder zunächst nur zusehen wollen und die Masse gar nicht anfassen möchten.
- Die Kinder erfahren bei dieser Aktivität, was passiert, wenn sie verschiedene Farben miteinander vermischen.
- Im Anschluss werden die mit Farbe bedeckten Körperteile der Kinder mit warmem Wasser behutsam gereinigt.

Variante:
Sie können die Kinder auch in ein leeres Planschbecken setzen und ihnen die Fingerfarben in den Schüsseln zum Experimentieren geben.

Tipp:
Im Sommer bietet es sich an, dieses Angebot im Freien bzw. im Garten durchzuführen.

Alternatives Fingerfarbenrezept:
In einer Schüssel verrührt man pro Farbe mit einem Handrührgerät eine Tasse Mehl mit einer Tasse Wasser und etwas Lebensmittelfarbe zu einem zähen Brei. Ggf. kann man noch einige Tropfen Zitronensaft und/oder einen Teelöffel Salatöl dazugeben. Die Masse darf keine Mehlklumpen enthalten und soll geschmeidig sein. Geben Sie die Farbe auf ein großes Blatt Papier, wo die Kinder sie mit den Fingern oder der ganzen Hand beliebig verteilen können.

Kartoffelteig

Knetteig

Das Matschen mit verschiedenen Materialien ermöglicht unterschiedlichste taktile Erfahrungen und fördert die Ausbildung des sensorischen Systems. Der unbedenkliche Teig eignet sich hervorragend für Kleinkinder, die noch vieles in den Mund nehmen.

> **Vorbereitung:**
> Vermischen Sie das Kartoffelpulver mit Wasser, Öl und Lebensmittelfarbe in einer Schüssel und kneten Sie daraus einen „Kartoffelteig".

- Breiten Sie auf dem Tisch oder dem Boden eine stabile Folie oder eine Plastiktischdecke als Unterlage aus.
- Geben Sie den Kartoffelteig in kleinen Stücken auf die Unterlage.
- Die Kinder experimentieren nun mit dem Teig: Sie ertasten ihn, reißen Stücke davon ab, verreiben ihn zwischen den Handflächen und versuchen vielleicht sogar, daraus Kugeln, Tiere usw. zu formen.

Tipp:
Bieten Sie interessierten Kindern kleine Behälter an, in die sie den Teig ein- und umfüllen können.

Hinweis:
Da es sich um ein verderbliches Lebensmittel handelt, eignet sich der Teig nur für eine einmalige Verwendung.

Alternatives Kneterezept:
Für Kinder ab einem Alter von etwa 18 Monaten können Sie eine unbedenkliche Knetmasse mit festerer Konsistenz herstellen. Vermischen Sie dafür in einem Kochtopf drei bis vier Tassen Mehl mit einer Tasse Salz, zwei Esslöffel Weinsteinbackpulver (aus der Apotheke), drei Esslöffel Öl und drei Tassen Wasser. Wenn Sie die flüssige Masse auf dem Herd erwärmen, schäumt sie zunächst und wird dann plötzlich zu einem Klumpen. Nehmen Sie den Topf vom Herd und schlagen Sie die Masse mit einem Holzkochlöffel ab, bis sie eine geschmeidige Konsistenz hat. Kneten Sie nach dem Abkühlen beliebig Lebensmittelfarbpulver unter. In Dosen luftdicht verpackt, kann diese Knetmasse eine Weile aufbewahrt werden. Mit etwas warmem Wasser wird ausgehärtete Knetmasse wieder geschmeidig.

Thema:
Tasten

Bildungsbereiche:
Natur und Umwelt,
Kunst und Kultur

Kompetenzbereiche:
taktile Wahrnehmung entwickeln, Feinmotorik verfeinern, Gestaltungstechnik kennenlernen, Kreativität entfalten

Alter:
ab 6 Monate

Anzahl:
Kleingruppe

Material:
4 Beutel Instant-Kartoffelpüree, 2 Tassen Wasser, 1 Esslöffel Öl, 1 Esslöffel Lebensmittelfarbe (Pulver), Schüssel, evtl. kleine Behälter, stabile Folie oder Plastiktischdecke

Gegenstände aus dem Bad

Sowohl zu Hause als auch in der Kinderkrippe finden im Badezimmer in erster Linie Maßnahmen zur Körperpflege statt: Neben dem Waschbecken, wo sich die Kinder ihre Hände waschen und Zähne putzen können, befinden sich hier meist auch der Wickeltisch bzw. die Toilette sowie eine Dusche bzw. Badewanne.

Auch wenn das Bad kein üblicher Spielraum ist, kann es bei ausreichender Raumtemperatur als Spiel- und Erlebnisraum genutzt werden. Nur mit einer Windel bekleidet, bewegen sich viele Kleinkinder freier und motorisch geschickter als in ihrer Kleidung und können sich und ihren Körper besser wahrnehmen.

Ganz besonders faszinierend ist für Kleinkinder der Umgang mit Wasser und allem, was damit zusammenhängt: das Öffnen und Schließen eines Wasserhahns, der Unterschied zwischen kaltem und warmem Wasser, die unterschiedliche Stärke des Wasserstrahls bzw. verschiedene Einstellungen einer Duschbrause und das bewusste Wahrnehmen von „nass" und „trocken". Mithilfe kleiner Schüsseln und weiterer Behälter können Kleinkinder erste Erfahrungen mit dem Ein- und Umfüllen sowie dem Ausgießen von Wasser sammeln. Die physikalischen Eigenschaften des Schwimmens bzw. Sinkens können sie anhand verschiedener Gegenstände, die sie ins Wasser legen, kennenlernen.

Ebenfalls von großem Interesse sind für Kleinkinder Körperpflegemittel wie Seife, Seifenschaum, Duschbad, Shampoo, Zahnpasta, Hautcremes oder Massageöle. Damit können die Kinder neue Erfahrungen im Hinblick auf unterschiedliche Düfte und Konsistenzen sammeln.

Neben der Entwicklung des Körpergefühls stehen bei den folgenden Angeboten das Erleben von Freude an der Körperpflege sowie die Schulung der Feinmotorik im Mittelpunkt.

Beachten Sie, dass bei Spielen auf einem nassen Fliesenboden Rutschgefahr für die Kinder besteht. Sichern sie daher den Experimentierbereich unbedingt mit einer rutschfesten Unterlage, sodass der Spielfreude nichts im Wege steht. Verwenden Sie nur parfümfreie Körperpflegemittel, die für Kleinkinder unbedenklich sind.

Alle Angebote können mit einer entsprechenden Unterlage selbstverständlich auch in anderen Räumen durchgeführt werden. Da Spiegel vor allem in Badezimmern aufgehängt sind, werden entsprechende Spielideen im Rahmen dieses Kapitels aufgeführt. Mit auf dem Boden liegenden Spiegeln sind aber auch diese Angebote jederzeit im Gruppenraum möglich.

Spiegel

Spiegelbilder

Mithilfe eines Spiegels gewinnen Kinder eine Vorstellung von ihrem Aussehen und können Mimik und Gestik erproben. Ab dem Alter von etwa 18 Monaten kann sich ein Kind selbst im Spiegel erkennen und als Person wahrnehmen.

Spiegel kann man preisgünstig auf Flohmärkten oder in Gebrauchtmöbelmärkten erhalten. Alternativ gibt es quadratische Spiegelfliesen in Möbelhäusern zu kaufen. Um mögliche Verletzungen zu vermeiden, empfiehlt es sich, die Spiegelränder mit Isolierband zu umkleben. Spiegelfolie aus dem Bastelladen hat die Vorteile, dass sie großflächig ausgebreitet werden kann und der Untergrund dennoch nicht kalt sein muss.

Wer ist denn das?

- Legen Sie einen Spiegel auf den Boden oder breiten Sie Spiegelfolie aus.
- Auf dem Bauch auf einer weichen Decke liegende Kinder können sich darin gut betrachten. Im Vierfüßlerstand können sie auch darüber krabbeln und sich dabei beobachten.
- Ein besonders faszinierendes Erlebnis ist es, die eigene Spucke auf dem Spiegel mit den Fingern zu verreiben.

Mein Gesicht

- Kindern ab etwa 18 Monaten können Sie beim Betrachten ihres Spiegelbilds begleitende Fragen stellen, wie z. B.: „Zeig mir deinen Mund." oder „Welche Farbe haben deine Augen?"
- Anhand der Karten der Gestaltungsvorlage (S. 24) versuchen die Kinder, die abgebildeten Gesichter nachzuahmen, wobei sie sich genau im Spiegel betrachten.
- Dieses Spiel eignet sich eher für ältere Krippenkinder, da es nicht ganz einfach ist, die Gesichtsausdrücke in das eigene Gesicht zu übersetzen. Falls erforderlich, können Sie dabei Hilfestellung geben, indem Sie nach dem Aussehen von Augen oder Mund fragen.

Tipp:
Machen Sie Fotos von den Kindern, wenn sie Grimassen schneiden, und gestalten Sie damit weitere Karten.

Spiegeltrick

- Geben Sie auf den Spiegel, in dem sich die Kinder betrachten, etwas Schaum, sodass das Spiegelbild verschwindet. Die Kinder können den Schaum verreiben.
- Nach einiger Zeit löst sich der Schaum auf und das Spiegelbild erscheint wieder – ein faszinierendes Erlebnis!

Spiegel bemalen

Den Schaum oder alternativ auch Hautcreme können die Kinder beliebig auf dem Spiegel verreiben und damit Bilder gestalten.

Thema:
Gesicht / Spiegel

Bildungsbereiche:
soziale Beziehungen und Emotionalität, Natur und Umwelt

Kompetenzbereiche:
Körper- und Selbstwahrnehmung entwickeln, Feinmotorik verfeinern

Alter:
ab 6 / 24 Monate

Anzahl:
1 Kind oder Kleingruppe

Material:
Spiegel oder Spiegelfolie, Karten der Gestaltungsvorlage (S. 24), parfümfreier Rasierschaum oder Badeschaum oder Kinder-Schaumseife, ggf. Hautcreme

Spiegel

Gestaltungsvorlage: Gesichtsausdrücke

Hautcreme

Schneeflocken-Handmassage

Massagen ermöglichen ganzheitliche taktile Erfahrungen und stärken die soziale Kompetenz. Werden sie mit parfümfreier Hautcreme durchgeführt, so nehmen die Kinder ihren Körper besonders intensiv wahr. Diese Massage kann bereits mit Kindern ab sechs Monaten durchgeführt werden.
Passend zur weißen Farbe der Creme wird hier das Thema „Schneeflocken" angesprochen. Individuelle Varianten sind selbstverständlich möglich.

Achtung!
Klären Sie im Vorfeld mit den Eltern mögliche Allergien der Kinder ab!

Viele kleine Schneeflöckchen	*mit dem Zeigefinger Hautcreme mehrmals auf die Handfläche des Kindes tupfen*
mit ihren kleinen weißen Röckchen	
fallen auf die Erde.	
Doch plötzlich kommt der Sausewind,	*über die Handfläche des Kindes pusten*
wirbelt sie herum geschwind.	*alle Cremetupfer auf der Handfläche verreiben*
„Ja, wir können Schlitten fahren",	
rufen alle Kinder.	
Laufen aus dem Haus heraus	*mit den Fingerspitzen auf dem Handrücken trippeln*
in den weißen Schnee hinaus.	
Sie fahren froh und munter	*vom Handgelenk zu den Fingerspitzen hin über den Handrücken des Kindes streichen*
den Schlittenberg hinunter.	

Variante:
Wenn Sie den Spruch mehrmals wiederholt haben und die Kinder die dazugehörigen Bewegungen kennen, können sich die Kinder auch gegenseitig ihre Hände massieren.

Seifenschaum

Thema:
Materialerfahrung

Bildungsbereiche:
soziale Beziehungen und Emotionalität, Gesundheit

Kompetenzbereiche:
Materialien kennenlernen, Körperwahrnehmung entwickeln

Alter:
ab 24 Monate

Anzahl:
Kleingruppe

Material:
flüssige Seife oder Schaumbad, Wasser, Schneebesen, Schüssel oder Plastikwanne, wasserfeste Unterlage oder Planschbecken

Achtung!
Achten Sie darauf, dass die Seife für Kinderhaut geeignet ist und klären Sie im Vorfeld mit den Eltern mögliche Allergien der Kinder ab!

Schaumparty

Schaum ist für Kinder faszinierend, weil er veränderlich und nicht greifbar ist. Diese Aktivität sollte in einem Planschbecken oder auch im Sommer im Freien durchgeführt werden.

> **Vorbereitung:**
>
> Geben Sie in eine Schüssel Wasser etwas Schaumbad oder flüssige Seife und schlagen Sie mit einem Schneebesen möglichst viel Schaum.

- Die Kinder sitzen nur mit der Windel bekleidet auf der Unterlage oder im Planschbecken.
- Stellen Sie ihnen den Schaum mit der Schüssel zur Verfügung und lassen Sie sie damit experimentieren:
    - Wie fühlt sich der Schaum an? Was passiert, wenn man ihn packen möchte?
    - Wie kann ich Schaum transportieren?
    - Wie fühlt es sich an, wenn ich Schaum von meiner Handfläche puste?
    - Was passiert, wenn ich in einen Schaumberg hineinpuste?
    - Wie fühlt es sich an, wenn ich meinen ganzen Körper mit Schaum einreibe?
    - Wie sehe ich mit einem Hut oder einem Bart aus Schaum aus?
    - Kann ich mit dem Schaum etwas „bauen"?

Tipp:
Es gibt auch farbige Seife bzw. spezielle Seifenfarben, sodass man bunten Schaum herstellen kann. Damit können sich die Kinder auch gegenseitig „bemalen".

Waschlappen

Fühlbeutel

Diese Fühlbeutel eignen sich je nach Inhalt – im Gegensatz zu den Knisterbeuteln (siehe S. 19) – auch schon für die kleinsten Kinder, weil sie den Waschlappen problemlos in den Mund stecken und daran kauen dürfen.

> **Vorbereitung:**
> Füllen Sie mehrere Waschlappen mit unterschiedlichem Material und nähen Sie die Öffnung anschließend sorgfältig zu. Achten Sie darauf, dass nichts herausfallen kann!

Tast- und Hörerfahrungen sammeln

- Stellen Sie die Fühlbeutel den auf dem Rücken oder auf dem Bauch liegenden Kleinkindern zur Verfügung.
- Die Kinder befühlen die Beutel, spielen damit, stecken sie in den Mund und kauen daran. Beim Ertasten des Inhalts von außen entstehen Geräusche. Wie klingt das?

Bewegungsanregungen

Mit den Fühlbeuteln können Kinder ab einem Alter von etwa 24 Monaten Bewegungserfahrungen sammeln. Folgende Aktivitäten sind möglich:

- Die Kinder legen die Fühlbeutel hintereinander auf den Boden, sodass sie den nächsten jeweils mit einem Schritt erreichen und darüber steigen können.
- Die Kinder stehen gerade und lassen sich einen Fühlbeutel auf ihren Kopf legen. Dann gehen sie damit vorsichtig im Raum umher, sodass der Beutel nicht herunterfällt. Schließlich senken sie langsam den Kopf nach vorne, sodass der Fühlbeutel herunterrutscht und sie ihn mit den Händen aufzufangen versuchen.
- Die Kinder versuchen einen Fühlbeutel nur mit den Zehen aufzuheben. Warum ist das bei manchen Beuteln einfach, bei anderen nicht?
- Die Fühlbeutel können auf den Zehen balanciert oder sogar auf dem Fußrücken transportiert werden. Gibt es weitere Transportmöglichkeiten?
- Weiche Fühlbeutel eignen sich auch zum Werfen. Man kann sie sich gegenseitig zuwerfen und fangen oder über eine bestimmte Entfernung in eine Kiste o. Ä. werfen.

Tast-Memory

- Stellen Sie mehrere mit unterschiedlichen Materialien gefüllte Fühlbeutel zur Verfügung und bieten Sie dieselben Materialien nochmals sichtbar in einer Schachtel an.
- Die Kinder betasten die Fühlbeutel und versuchen herauszufinden, welches Füllmaterial sich in ihnen befindet.

Thema:
Tasten und greifen

Bildungsbereiche:
Bewegung, Musik, Natur und Umwelt

Kompetenzbereiche:
taktile und auditive Wahrnehmung entwickeln, Freude an Bewegung empfinden

Alter:
ab 6/24/30 Monate

Anzahl:
1 Kind oder Kleingruppe

Material:
Waschlappen, Füllmaterial, z. B. Muscheln, Murmeln, Füllwatte, Luftpolsterfolie, Nadel und stabiler Faden

Watte

Thema:
Materialerfahrung

Bildungsbereiche:
Sprache, Gesundheit, soziale Beziehungen und Emotionalität

Kompetenzbereiche:
Mund- und Feinmotorik verfeinern, Freude an Bewegung empfinden, Kreativität entfalten

Alter:
ab 6/24 Monate

Anzahl:
1 Kind oder Kleingruppe

Material:
Watte, große Nadel, Wolle

Material pro Kind:
stumpfe Sticknadel oder Stück Draht

Weiße Kugeln

Watte ist ein feines und sehr leichtes Material, das gut zum Tasten und Greifen verwendet werden kann und damit interessante Materialerfahrungen ermöglicht. Aber auch verschiedene Spiele sind möglich.

Watteball

- Formen Sie aus etwas Watte eine möglichst runde Kugel und ziehen Sie dann mit einer Nadel ein Stück Wollfaden durch die Kugel.
- Hängen Sie den Watteball oberhalb des auf dem Rücken liegenden Kleinkinds so auf, dass es ihn gerade noch erreichen kann.
- Die Kinder stoßen mit den Händen oder Füßen gegen den Watteball und bringen ihn so in Bewegung.

Weiße Wolke

Jedes Kind legt sich einen Wattebausch auf den Kopf und geht damit vorsichtig im Raum herum, ohne dass die Watte herunterfällt.

Wattepusten

- Zunächst erhält jedes Kind einen kleinen Wattebausch, den es auf seine geöffnete Handfläche legt und herunterpustet.
- Später setzen sich mehrere Kinder um einen Tisch herum, auf dem mehrere kleine Wattestückchen verteilt liegen.
- Die Kinder versuchen nun, die Watte durch Pusten auf dem Tisch von der Stelle zu bewegen.

Varianten:
Die Kinder sollen darauf achten, dass die Watte nicht vom Tisch fällt. Schwieriger wird das Spiel, wenn die Kinder die Watte durch einen Strohhalm anpusten (siehe S. 16).

Schneeflockenkette

Die Wattebäusche werden von den Kindern mithilfe einer stumpfen Sticknadel oder einem gebogenen Draht auf einen Wollfaden gezogen.

Tipp:
Die Watteketten können im Winter als Schneeflocken den Gruppenraum schmücken.

Wäschekorb

Gefüllter Korb

Das Besondere an Wäschekörben ist, dass man nicht nur Wäsche oder andere Gegenstände hineinlegen kann, sondern dass sich die Kinder auch selbst hineinsetzen können.

Wäschekorbsuche

- Stellen Sie den Kindern einen gefüllten Wäschekorb zur Verfügung.
- Anhand kleiner Aufträge wie z. B. „Gib mir bitte einen Waschlappen." oder „Finde den passenden Socken." suchen die Kinder gezielt nach einzelnen Wäschestücken und erweitern dabei ganz nebenbei ihren Wortschatz.
- Zeigen Sie den Kindern einen kleinen Gegenstand und verstecken Sie diesen dann zwischen den Wäschestücken, sodass sie ihn suchen können.

Tipp:
Den Kindern gefällt das Spiel auch, wenn sie einen Gegenstand in der Wäsche verstecken dürfen, während Sie sich die Augen zuhalten. Es freut die Kinder, wenn Sie den Gegenstand wiederfinden.

Wäschekorb-Auto

- An den Wäschekorb wird ein stabiles Seil gebunden, sodass er als „Auto" in einem großen Raum oder einem Flur mit glattem Boden verwendet werden kann.
- Ein Kind setzt sich in den Wäschekorb und wird nun von Ihnen durch den Raum gezogen.
- Kinder, die schon sicher laufen, können so auch ihr Kuscheltier oder Spielzeug transportieren.

Tipps:
Geben Sie in den Wäschekorb evtl. eine Decke oder ein paar Kissen, damit die Kinder gemütlich sitzen können.
Sie können zur „Autofahrt" ein Lied singen oder Musik von einer CD hören.

Variante:
Auch aus großen Pappkartons können Autos hergestellt werden (siehe S. 60).

Thema:
Wäsche / Transportieren

Bildungsbereiche:
Bewegung, Sprache

Kompetenzbereiche:
Auge-Hand-Koordination verfeinern, Konzentrationsfähigkeit weiterentwickeln, Wortschatz erweitern, Freude an Bewegung empfinden

Alter:
ab 12 Monate

Anzahl:
1 Kind oder Kleingruppe

Material:
Wäschekorb, saubere Wäsche wie z. B. Socken, Geschirrtücher, Waschlappen, kleiner Gegenstand wie z. B. Spielzeugauto, stabiles Seil

Wäscheklammern

Thema:
Pinzettengriff / Farben

Bildungsbereiche:
Bewegung, Natur und Umwelt

Kompetenzbereich:
Feinmotorik verfeinern

Alter:
ab 12 / 30 Monate

Anzahl:
1 Kind oder Kleingruppe

Material:
Wäscheklammern aus Plastik oder Holz, lange Schnur, Puppenkleidungsstücke, Tonkartonkreise (Ø ca. 20 cm) oder Tücher in verschiedenen Farben, evtl. Farbwürfel

Klammerspiele

Wäscheklammern regen die Neugierde der Kinder an und fordern sie heraus zu begreifen, wie sie funktionieren und wozu sie verwendet werden können. Für die feinmotorische Geschicklichkeit ist das Öffnen der Wäscheklammer eine hervorragende Übungsmöglichkeit.

Pinzettengriff

- Befestigen Sie zunächst mehrere Wäscheklammern an Ihrer Kleidung oder an beliebigen anderen Stoffstücken.
- Die Kinder versuchen nun, die Wäscheklammern abzunehmen und anschließend an ihrer eigenen Kleidung anzuklipsen.
- Alternativ können die Kinder auch versuchen, Puppenkleidungsstücke oder kleine Tücher an einer langen gespannten Schnur, z. B. Wäscheleine, zu befestigen. Die besondere Schwierigkeit liegt hier darin, dass das Kleidungsstück mit einer Hand an der Schnur gehalten werden muss, während die andere Hand die Klammer öffnet und anklipst.

Tipp:
Zur Schulung des Pinzettengriffs können Sie den Kindern als Einzelangebot verschiedene Formen aus Karton oder Sperrholz zur Verfügung stellen: z. B. einen Igel, der Stacheln aus Wäscheklammern bekommt, oder einen Kreis aus Tonkarton, der mit Wäscheklammern zur strahlenden Sonne oder zu einem Kopf mit Haaren wird. Selbstverständlich können diese Formen noch entsprechend farblich gestaltet werden.

Farbige Wäscheklammern

- Farbige Wäscheklammern aus Plastik oder selbst bemalte Holzwäscheklammern sind gut für Sortierspiele geeignet.
- Die Kinder können die Wäscheklammern an farblich passenden Tonkarton oder Tücher stecken.

Variante:
In der Kleingruppe würfeln die Kinder der Reihe nach mit einem Farbwürfel und befestigen eine farblich passende Wäscheklammer an dem entsprechenden Tonkarton oder Tuch.

Wäscheklammern fangen

- Bei diesem Gruppenspiel ist ein Kind der „Klammeraffe", an dessen Kleidung zunächst überall Wäscheklammern befestigt werden. Berücksichtigen Sie, dass diese Rolle nicht jedem Kind angenehm ist.
- Die anderen Kinder sind die „Fänger", die nun versuchen, dem „Klammeraffen" möglichst viele Wäscheklammern abzunehmen und an ihrer eigenen Kleidung zu befestigen.

Toilettenpapier

Toilettenpapier-Ideen

Mit Toilettenpapier sind Kinder erfahrungsgemäß selbst sehr erfinderisch. Bereits das Abwickeln des Toilettenpapiers bereitet Kindern viel Spaß. Folgende Aktivitäten sind darüber hinaus möglich:

Arzt

Die Kinder wickeln mit dem Toilettenpapier Puppen oder Stofftiere ein und „verarzten" sie.

Mumie

Die Kinder wickeln sich gegenseitig zu „Mumien" ein und befreien sich anschließend selbst, indem sie sich bewegen.

Weg

Eine Toilettenpapierrolle wird auf den Boden gelegt und ein Kind zieht so an dem Papier, dass sich die Rolle abwickelt und sich so ein „Weg" durch den Raum bildet. Diesen Weg kann man anschließend entlanggehen.

Schnipsel

Toilettenpapier wird in kleine Schnipsel zerrissen, die die Kinder mit den nackten Zehen aufheben können.

Schneeflocken

Toilettenpapierschnipsel können als „Schneeflocken" in die Luft geworfen werden und lassen sich dann beim Herabfallen beobachten.

Schneebälle

Toilettenpapierschnipsel werden zu „Schneebällen" zusammengeknüllt und vorsichtig durch den Raum geworfen.

Thema:
Materialerfahrung

Bildungsbereiche:
Kunst und Kultur, Bewegung, Natur und Umwelt

Kompetenzbereiche:
Körperwahrnehmung und taktile Wahrnehmung entwickeln, Feinmotorik verfeinern, Kreativität entfalten

Alter:
ab 6 Monate

Anzahl:
1 Kind oder Kleingruppe

Material:
Toilettenpapier, leere Toilettenpapierrollen

Papiertaschentücher

Ein kleines Gespenst

Aus Papiertaschentüchern können rasch kleine Fingerpuppen hergestellt werden. So ein kleines Gespenst lockert den Kinderkrippenalltag auf und kann für eine kleine Bewegungseinheit zum Einsatz kommen.
Jedes Kind benötigt zwei Papiertaschentücher, außerdem sind eine Schnur, Schere und Filzstifte erforderlich.
Das Angebot eignet sich für Kinder ab einem Alter von etwa 24 Monaten.

> **Vorbereitung:**
> Zuerst faltet jedes Kind seine beiden Papiertaschentücher auseinander. Eines der beiden Tücher knüllt es dann zu einer kleinen Kugel zusammen. Diese legt es in die Mitte des zweiten Papiertaschentuchs, das nun um die Kugel herum geschlossen und mit einem Stück Schnur zugebunden wird. Zum Schluss bekommt das Gespenst mit einem Filzstift noch Augen.

- Jedes Kind hält sein selbst gestaltetes Gespenst als Fingerpuppe, indem es seinen Zeigefinger von unten zwischen der Schnur in den „Kopf" steckt.
- Mit folgendem Spruch kann das Gespenst nun im Raum „herumfliegen":

Hui Buh, das kleine Schlossgespenst, sagt dir „Guten Tag".	*Kind schüttelt dem Gespenst die Hand, indem es das Papiertaschentuch berührt*
Hui Buh, das kleine Schlossgespenst, fliegt mit dir, weil es dich mag.	*Kind läuft mit dem „fliegenden Gespenst" durch den Raum*
Fliegt mit dir hoch durch die Luft in seine Schloss-Gespenstergruft.	*Kind hält das Gespenst hoch über seinen Kopf und setzt sich dann mit dem Gespenst auf ein Kissen*
Lässt sich dort mit dir nieder und küsst dich immer wieder.	*das Gespenst gibt dem Kind einen Kuss auf die Wange*

Gegenstände aus Schränken und Schubladen

In diesem Kapitel stehen alltägliche Gegenstände im Mittelpunkt der Betrachtung, die zwar normalerweise in jedem Haushalt vorhanden sind, den Kindern aber in der Regel nicht zum Spielen zur Verfügung stehen. Gerade aus diesem Grund wecken diese Dinge ganz besonders die kindliche Neugier und es sind damit zahlreiche interessante Erfahrungen im Bereich des Fühlens, Tastens und Greifens möglich.

Kinder öffnen und schließen interessiert Schubladen oder Schranktüren, nehmen etwas heraus oder legen eigene Dinge hinein. Bei diesem wiederholten Spiel erkennen die Kinder den Zusammenhang von Ursache und Wirkung und erfahren ihre Selbstwirksamkeit, indem sie die gewünschten Handlungen selbst ausführen können. Dieses zielgerichtete Verhalten zeigt sich ab einem Alter von zwölf Monaten, sobald die Kinder wissen, dass sich ein Gegenstand auch dann in einer Schublade oder einem Schrank befindet, wenn sie ihn gerade nicht sehen können (Objektpermanenz).

Bei Kleidungsstücken, Schuhen und Taschen steht für die Kinder das Verkleiden an erster Stelle. Verkleidungen laden zum Rollenspiel ein und eröffnen Raum für eigene Kreativität. Ganz nebenbei werden feinmotorische Fähigkeiten geschult, wenn die Kinder beispielsweise mit verschiedenen Verschlüssen hantieren. Aber auch die Frage nach der passenden Kleidung zum Wetter kann an dieser Stelle aufgegriffen werden.

Verschiedener „Kleinkram" wie Kerzen, Geschenkbänder, Wolle oder Knöpfe können selbst erforscht, aber auch für einfache Spielereien genutzt werden. Dabei ist es wichtig, dass Aktionen mit brennenden Kerzen oder verschluckbaren Kleinteilen nur unter Aufsicht eines Erwachsenen stattfinden.

Decken, Tücher, Betttücher, Kissen und Matratzen laden zu weit mehr als einer Kissenschlacht ein. Sie können die Kinder damit im Gruppenraum – oder einem anderen Raum mit viel Platz – zu abwechslungsreichen Bewegungsangeboten motivieren. Dabei schulen die Kinder ganz nebenbei Gleichgewichtssinn, Geschicklichkeit und Grobmotorik und haben Gelegenheit, ihren Körper ganzheitlich zu erfahren.

Eine Sonderstellung nehmen in diesem Kapitel die Luftballons ein, die strenggenommen kein ganz alltägliches Material darstellen, sich aber gut für Wahrnehmungsspiele eignen und leicht und preisgünstig erhältlich sind.

Sicherlich entdecken Sie oder die Kinder in Schränken und Schubladen noch viele weitere Dinge, mit denen in leicht abgewandelter Form Wahrnehmungs-, Erfahrungs- und Bewegungsspiele möglich sind. Machen Sie sich doch gemeinsam mit den Kindern auf die Suche!

Schuhe

Thema:
Ordnen und sortieren

Bildungsbereiche:
Natur und Umwelt, Bewegung

Kompetenzbereiche:
Konzentrationsfähigkeit weiterentwickeln, gleiche Dinge einander zuordnen, Bewegungsart erproben

Alter:
ab 24 Monate

Anzahl:
Kleingruppe

Material:
verschiedene Schuhe in unterschiedlichen Größen, z. B. Hausschuhe, Gummistiefel, Cowboystiefel, Badeschuhe, Sandalen

Unser Schuhladen

Sobald Kinder einigermaßen sicher laufen können, beginnen sie sich auch für die Schuhe anderer zu interessieren. Bitten Sie die Eltern, den Kindern für dieses Angebot an einem bestimmten Tag ein Paar saubere Schuhe mitzugeben.

Schuhsalat

- Jedes Kind stellt zunächst die Schuhe vor, die es mitgebracht hat: Um welche Art von Schuhen handelt es sich? Wann werden sie getragen? Wem gehören sie?
- Dann werden alle Schuhe in der Kreismitte auf einen großen Haufen zusammengelegt.
- Nehmen Sie vom Haufen einen beliebigen Schuh und fragen Sie: „Wo ist der zweite Schuh?"
- Die Kinder sollen nun den passenden Schuh zuerst auf dem Haufen finden, möglichst ohne darin zu wühlen.
- Ein Kind darf schließlich den fehlenden Schuh aus dem Haufen nehmen und beide Schuhe nebeneinander hinstellen.
- Dieses Kind nimmt nun einen anderen Schuh aus dem Haufen und das Spiel beginnt von vorne.

Varianten:
Ein Kind nach dem anderen sucht aus dem Schuhsalat die Schuhe heraus, die es mitgebracht hat.
Ein Schuh nach dem anderen wird aus dem Haufen genommen und jeweils dem Kind zugeordnet, das ihn mitgebracht hat.
Legen Sie zusammen mit den Kindern Kriterien fest, nach denen die Schuhe sortiert werden, z. B. Art, Größe (Kind/Erwachsener) oder Farbe.

Schuhstraße

- Erstellen Sie gemeinsam mit den Kindern einen Schuhparcours, indem Sie mehrere Schuhe jeweils paarweise mit etwas Abstand hintereinander aufstellen.
- Ein Kind nach dem anderen steigt nun zuerst mit beiden Füßen in das erste Schuhpaar, begutachtet sich und versucht, damit vorsichtig ein paar schlurfende Schritte zu gehen. Dann steigt es wieder heraus und stellt die Schuhe an ihren Platz zurück.
- Nun sind die nächsten Schuhe an der Reihe.

Tipps:
Es empfiehlt sich, dass Sie oder ein anderes Kind beim Hinein- und Heraussteigen aus den Schuhen mit einer Hand Hilfestellung geben.
Diese Schuhstraße kann man auch durchlaufen oder durchkrabbeln. Vielleicht tragen die Kinder dabei auch an den Händen Schuhe?

Taschen

Taschen ausräumen

Kleine Kinder haben einen ausgeprägten Erkundungsdrang und lieben es, die Taschen der Erwachsenen auszuräumen. Nutzen Sie dieses Interesse, denn dabei trainieren die Kinder viele Fähigkeiten!

- Füllen Sie einige ausrangierte Hand- oder Aktentaschen mit unterschiedlichen Alltagsgegenständen, sodass sie für Spielzwecke gut geeignet sind. Es ist auch möglich, sie unterschiedlich zu füllen, z.B.:
    - eine Aktentasche mit leerer Pausenbrotbox, Klarsichtfolien, Schlüsselbund, Päckchen mit Papiertaschentüchern usw.
    - eine Handtasche mit Schlüsselbund, Handy und leerem Geldbeutel usw.
    - eine Handtasche mit verschiedenen kleinen Karten, die aufgeklappt werden können, einer kleinen Dose usw.
- Stellen Sie den Kindern die Taschen für das Freispiel zur Verfügung:
    - Die erste Herausforderung liegt für die Kinder darin herausfinden, wie sich die Tasche öffnen lässt, z.B. mit einem Reißverschluss, einem Magnetverschluss oder einer Schnalle, und wie diese zu bedienen ist.
    - Dann holen die Kinder einzelne Gegenstände heraus und betasten, erkunden und untersuchen sie:
    Wie fühlt er sich an? Ein Schlüsselbund ist z.B. hart, kalt und schwer. Was kann man damit machen? Ein Geldbeutel kann geöffnet werden. Wie klingt der Gegenstand? Der Schlüsselbund klimpert, Folie raschelt.
- Geben Sie den Kindern ausreichend Zeit, dass sie sich mit den verschiedenen Gegenständen in Ruhe beschäftigen können.

Tipp:
Anschließend können die Kinder die Taschen natürlich auch wieder einräumen.

Thema:
Gegenstände erkunden

Bildungsbereiche:
Natur und Umwelt, Bewegung

Kompetenzbereiche:
Feinmotorik verfeinern, Gegenstände kennenlernen, lebenspraktische Fähigkeiten ausbilden, Neugierde wecken

Alter:
ab 12 Monate

Anzahl:
1 Kind oder Kleingruppe

Material:
mehrere Handtaschen und/oder Aktentaschen, verschiedene Alltagsgegenstände, z.B. Päckchen Papiertaschentücher, Schlüsselbund, leerer Geldbeutel, ausrangiertes Handy, Pausenbrotbox

Handschuhe

Klingende Handschuhe

Die Bewegungen zum Lied von den „Zehn kleinen Zappelfingern" beobachten Kinder bereits ab einem Alter von sechs Monaten sehr interessiert. Sobald die Kinder selbst mitmachen können, macht es ihnen mit klingenden Handschuhen noch viel mehr Spaß.

Vorbereitung:

Nähen Sie an die zehn Fingerkuppen eines Paars Fingerhandschuhe in Kindergröße bunte Wollfäden, kleine Glöckchen und Perlen an.

- Jeweils ein Kind schlüpft in die Handschuhe und bewegt seine Finger dem Liedtext entsprechend, während alle Kinder das Lied singen.
- Dabei klingeln die Glöckchen und die Perlen und Wollfäden tanzen hin und her.

Text und Melodie: mündlich überliefert

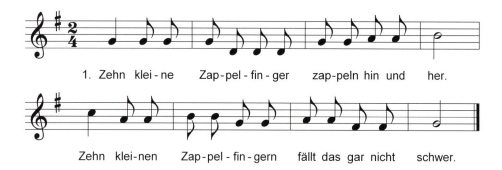

1. Zehn kleine Zappelfinger zappeln hin und her.
Zehn kleinen Zappelfingern fällt das gar nicht schwer.

2. Zehn kleine Zappelfinger zappeln auf und nieder.
Zehn kleine Zappelfinger tun das immer wieder.

3. Zehn kleine Zappelfinger zappeln rundherum.
Zehn kleine Zappelfinger finden das nicht dumm.

4. Zehn kleine Zappelfinger spielen gern Versteck.
Zehn kleine Zappelfinger sind auf einmal weg.

5. Zehn kleine Zappelfinger sind jetzt wieder da.
Zehn kleine Zappelfinger rufen laut „hurra"!

Tipps:
Wenn Sie auch für sich selbst klingende Handschuhe herstellen, fällt es den Kindern leichter die entsprechenden Bewegungen nachzuahmen.
Selbstverständlich können auch andere Lieder mit den klingenden Handschuhen begleitet werden.

Taschenlampen

Lichtspielereien

Im Dunkeln werden die Sinne besonders geschärft, da sich die Kinder nicht auf das Sehen verlassen können, sondern die Wahrnehmung in erster Linie über das Hören und Tasten erfolgt.
Achten Sie darauf, dass die Angebote bei den Kindern keine Angst erzeugen. Sollte sich ein Kind fürchten, können Sie es an der Hand nehmen oder auf Ihrem Schoß sitzen lassen. Mehrere Kinder können auch bei geöffneter Tür in einem hellen Raum nebenan bleiben.

Hell und dunkel

- Verdunkeln Sie einen Raum so, dass die Umrisse der Möbel gut erkennbar sind und man sich darin noch sicher bewegen kann.
- Setzen Sie sich mit den Kindern auf den Boden.
- Nun wird über allen ein großes Leintuch ausgebreitet, da sich Kinder in der Dunkelheit in der Nähe eines Erwachsenen unter einer Decke geborgener fühlen, sie haben dann nicht das Gefühl, alleine in einem dunklen Raum stehen zu müssen.
- Lassen Sie die Kinder über ihre Gefühle berichten.
- Jedes Kind schaltet nun seine Taschenlampe ein, sodass der Schein die Dunkelheit erhellt: Wie fühlen sich die Kinder jetzt?
- Bleiben Sie eine Zeitlang gemeinsam unter dem Leintuch sitzen, bis schließlich alle wieder hervorkrabbeln.

Tipp:
Die Kinder finden es sehr spannend, wenn vor die Taschenlampen buntes Transparentpapier gehalten wird, sodass auf dem Leintuch farbige Kreise erscheinen.

Lichter fangen

- Erzeugen Sie mit einer Taschenlampe auf dem Boden einen Lichtkegel und lassen Sie ihn wandern.
- Die Kinder versuchen diesen Lichtkegel nun zu „fangen", indem sie darauf treten. Doch der Lichtkegel bewegt sich ganz schön schnell!

Schatzsuche

- Dieses Spiel eignet sich für Kinder, die sich bereits alleine in einem dunklen Raum aufhalten wollen.
- Legen Sie gemeinsam mit den Kindern einen Schatz fest. Das kann ein Stofftier oder auch eine beliebige Schachtel oder Dose sein.
- „Verstecken" Sie diesen Schatz nun in einem Raum, indem Sie den Gegenstand z. B. in ein Regal stellen oder unter einen Tisch legen. Er soll auf jeden Fall gut sichtbar sein. Dann wird das Zimmer verdunkelt.
- Die Kinder suchen nun mithilfe ihrer Taschenlampen den „Schatz", indem sie durch den Raum leuchten. Weil der Lichtkegel den Raum nur punktuell erleuchtet, ist die Suche nicht einfach und es empfiehlt sich, dabei systematisch vorzugehen.

Thema:
Hell und dunkel

Bildungsbereiche:
Natur und Umwelt, soziale Beziehungen und Emotionalität

Kompetenzbereiche:
visuelle Wahrnehmung entwickeln, Dunkelheit erleben

Alter:
ab 30 Monate

Anzahl:
Kleingruppe

Material:
mehrere Taschenlampen, buntes Transparentpapier, großes, weißes Leintuch

Kerzen

Thema:
Pusten

Bildungsbereiche:
Sprache, Natur und Umwelt

Kompetenzbereiche:
Mundmotorik verfeinern, lebenspraktische Fähigkeiten ausbilden

Alter:
ab 24 Monate

Anzahl:
Kleingruppe

Material:
feuerfestes Tablett, Teelichter, Feuerzeug

Achtung!
Beim Umgang mit brennenden Kerzen ist besondere Vorsicht erforderlich!

Kerzen auspusten

Kinder pusten gerne Kerzen aus, aber warum eigentlich nur am Geburtstag? Gerade in der Vorweihnachtszeit und im Winter, wenn oft Kerzen angezündet werden und das Thema Licht auf der Tagesordnung steht, bietet sich das Auspusten von Kerzen als Aktivität an.

- Setzen Sie sich gemeinsam mit den Kindern an einen Tisch.
- Stellen Sie mehrere Teelichter auf ein feuerfestes Tablett und zünden Sie diese an.
- Zunächst kann jedes Kind einmal ein Teelicht ausblasen. Dabei ist es gar nicht so einfach, die Luft richtig zu dosieren. Manche Kinder „spucken" die Kerzen zunächst aus. Wenn das Wachs flüssig ist und die Kinder zu kräftig pusten, ist es sogar möglich, dass Wachs herausspritzt.
- Zünden Sie die Teelichter mehrmals wieder an und lassen Sie die Kinder das Pusten trainieren, damit sie mehr Übung bekommen.
- Später können die Kinder versuchen, möglichst viele Kerzen auf einmal auszupusten.

Tipp:
Vielleicht stellen Sie den Kindern anschließend ein „Kerzenpustediplom" aus, in dem festgehalten wird, wie viele Kerzen die Kinder auf einmal ausgepustet haben. Das ist eine schöne Erinnerung an die Aktivität und auch die Eltern erfahren so, was die Kinder gemacht haben.

Geschenkbänder

Bunte Bänder

Eine Schachtel mit verschiedenen Geschenkbändern hat an sich schon einen hohen Aufforderungscharakter und lädt die Kinder zum Berühren ein. Es gibt sowohl haptische (Stoff, Plastik) als auch visuelle (Farben, Glitzer) Unterschiede zu entdecken.
Daneben können Sie mithilfe der Bänder weitere Aktivitäten anbieten.

Greifschnur

- Befestigen Sie ein Geschenkband in etwa 50 cm Höhe zwischen zwei Stühlen.
- An dieses Band werden Haushaltsgegenstände geknotet, die sich in Form, Farbe und Beschaffenheit unterscheiden und die die Kinder zum Greifen einladen (siehe nebenstehende Liste).
- Die Kinder liegen nun unterhalb der Schnur auf dem Rücken auf einer bequemen Unterlage und ertasten und erkunden die herunterhängenden Gegenstände.
- Diese Greifschnur ist für die Kinder auch ein Anreiz, sich auf die Seite zu rollen, um an weitere Dinge heranzukommen.

Variante:
Statt der Gegenstände können auch mehrere, leicht aufgeblasene Luftballons an das Geschenkband geknotet werden. Die Kinder können mit den Händen oder Füßen dagegenschlagen oder -treten und die Luftballons beobachten. Dieses Angebot sollte nur unter Aufsicht angeboten werden, da die Luftballons zerplatzen können.

Mobile

- Befestigen Sie an Geschenkbändern mehrere, leicht aufgeblasene Luftballons oder Federn.
- Das jeweils andere Ende der Geschenkbänder wird in unterschiedlichen Höhen an einem Holz-Kleiderbügel angeknotet.
- Wird das Mobile oberhalb des Wickeltisches oder im Schlafraum aufgehängt, so können die Kinder die bunten Ballons oder Federn von ihrem Platz aus beobachten.

Thema:
Tasten und fühlen

Bildungsbereiche:
Bewegung, Natur und Umwelt

Kompetenzbereiche:
Feinmotorik verfeinern, visuelle und taktile Wahrnehmung entwickeln, Materialien kennenlernen

Alter:
ab 6 Monate

Anzahl:
1 Kind oder Kleingruppe

Material:
Geschenkbänder unterschiedlicher Art (Stoff, Kunststoff usw.), verschiedene Haushaltsgegenstände, z. B. alte CD, unbenutzter Spülschwamm, kleines Sieb, Holz-Kleiderbügel

Wolle

Thema:
Geschicklichkeit

Bildungsbereiche:
Bewegung, Natur und Umwelt

Kompetenzbereiche:
Grob- und Feinmotorik verfeinern, Freude an Bewegung empfinden

Alter:
ab 24 Monate

Anzahl:
Klein- oder Gesamtgruppe

Material:
mehrere Wollknäuel, Stöckchen oder leere Toilettenpapierrolle oder Stück Pappkarton

Wollfaden-Spielereien

Nicht nur das Ab- und Aufwickeln von Wolle stellt eine spannende Herausforderung dar, auch verschiedene durch den Raum gespannte Wollfäden sind für Bewegungsanregungen geeignet.

Wolle aufwickeln

Das Aufwickeln kann auf unterschiedliche Weise durchgeführt werden: entweder indem der Faden auf ein rundes Knäuel gewickelt wird oder indem die Kinder den Wollfaden um ein Stöckchen oder ein Stück Pappkarton aufwickeln. Dabei schulen die Kinder ihre Feinmotorik.

Tipp:
Das Aufwickeln des Wollfadens ist spannender und macht mehr Spaß, wenn der Faden an ein Stofftier oder ein kleines, selbst gebautes Pappschachtel-Fahrzeug (z. B. Auto, Schiff) gebunden wird, das in einiger Entfernung auf dem Boden steht und das die Kinder durch Aufwickeln zu sich heranziehen. Mit mehreren Fahrzeugen ist auch ein Wettbewerb möglich.

Spinnennetz

- Spannen Sie einen langen Wollfaden als Spinnennetz kreuz und quer durch das Zimmer.
- Die Kinder versuchen nun, das Zimmer zu durchqueren, indem sie über und unter den Fäden durchsteigen, -krabbeln oder -kriechen, ohne diese zu berühren.
- Wenn das gut gelingt, fassen sich je zwei Kinder an der Hand und steigen gemeinsam durch das Spinnennetz.

Variante:
An den Wollfäden können Sie kleine, aus Pfeifenputzern gedrehte „Fliegen" befestigten. Die Kinder sollen diese nun aus dem Spinnennetz befreien. Das fördert die Geschicklichkeit und Feinmotorik.

Fadenweg

- Kennzeichnen Sie in einem möglichst leeren Raum oder im Freien einen bestimmten Weg mit einem Wollfaden.
- Die Kinder halten sich mit einer Hand am Wollfaden fest und gehen den Fadenweg entlang.
- Vielleicht trauen sich auch einige Kinder, mit verbundenen Augen an der Wollschnur entlangzugehen? Dabei sollte sicherheitshalber ein weiteres Kind mitgehen.

Knöpfe

Knopf-Spielereien

Eine Schachtel mit Knöpfen in unterschiedlichsten Größen und aus verschiedensten Materialien ist ein hervorragendes Spielmaterial zum Tasten und Fühlen und eignet sich auch für mathematische Grunderfahrungen. Vielleicht können die Eltern Knöpfe für Spielzwecke zur Verfügung stellen oder Sie bitten in einer Schneiderei um ausrangierte Knöpfe.

Fühlknöpfe

- Fädeln Sie größere Knöpfe auf ein stabiles Gummiband, wobei Sie dazwischen auch immer wieder Knoten einfügen können. Die beiden Gummibandenden werden verknotet.
- Stellen Sie dieses Band Kindern ab einem Alter von sechs Monaten zur Verfügung: Sie können die Knöpfe ertasten, an den Knöpfen schlecken, das Band schütteln und die dabei entstehenden Klimpergeräusche hören.

Tipp:
Kinder ab etwa 30 Monaten können die Knöpfe selbst auf eine Paketschnur zu einer Kette auffädeln.

Knöpfe sortieren

- Stellen Sie den Kindern eine Schachtel mit Knöpfen zur Verfügung.
- Die Kinder wählen nun beliebige Knöpfe daraus aus, sortieren sie nach Farben, Formen, Größe, Art des Materials oder Anzahl der Löcher und legen daraus Reihen, Muster oder sogar Mandalas.

Tipp:
Im Anschluss an das Legen können fertige Muster mit Klebstoff oder Heißkleber auf Karton aufgeklebt werden. Diese Knopfbilder eignen sich dann auch zum Ertasten.

Variante:
Als anspruchsvolleres Legespiel können Kinder ab drei Jahren an oder auf einem aufgemalten Kreis nach Belieben Knöpfe legen und verteilen. So entstehen z. B. Blumen, Gesichter, Ketten oder bunte Bälle.

Knopfdomino

- Erstellen Sie aus stabilem Pappkarton zwölf rechteckige Dominokarten von ca. 4 x 8 cm Größe. Kleben Sie von zwölf Knopfpaaren jeweils einen Knopf auf zwei verschiedene Dominokarten. Achten Sie darauf, dass sich nicht auf zwei Karten jeweils die gleichen Knöpfe befinden.
- Nun werden immer zwei gleiche Knöpfe aneinandergelegt, sodass eine lange Reihe entsteht. Damit auch die erste und letzte Karte einander zugeordnet werden können, kann ein Kreis gelegt werden.
- Sobald die Kinder das Spielprinzip verstanden haben, können zwei Kinder abwechselnd eine Karte nehmen und anlegen.

Thema:
Tasten, fühlen und sortieren

Bildungsbereiche:
Natur und Umwelt, mathematische Grunderfahrungen, Musik

Kompetenzbereiche:
taktile Wahrnehmung entwickeln, Konzentrationsfähigkeit weiterentwickeln, Klänge entdecken, gleiche Dinge einander zuordnen

Alter:
ab 6 / 30 Monate

Anzahl:
Kleingruppe

Material:
Knöpfe verschiedener Größe und Beschaffenheit, Gummiband, stabiler Pappkarton, Klebstoff oder Heißkleber, Schere, ggf. Stift

Achtung!
Führen Sie alle Aktivitäten mit Knöpfen wegen der Verschluckungsgefahr nur unter Aufsicht durch!

Verschiedene kleine Dinge

Thema:
Materialerfahrung

Bildungsbereiche:
Natur und Umwelt, mathematische Grunderfahrungen, Kunst und Kultur, soziale Beziehungen und Emotionalität

Kompetenzbereiche:
Konzentrationsfähigkeit weiterentwickeln, taktile Wahrnehmung entwickeln, Materialien und Gestaltungstechnik kennenlernen, Kreativität entfalten

Alter:
ab 24 Monate

Anzahl:
Kleingruppe

Material:
verschiedenste Abfall- und Kleinmaterialien aus Haushalt und Werkstatt, z. B. Schraubverschlüsse von Flaschen, Plastiklöffel, Kronkorken, Korken, Federn, Knöpfe, Holzdübel, Unterlegscheiben, Perlen, Muggelsteine, Lederreste, farbige Baumwolltücher, Holzbretter oder Tapetenrollen, Wachsmalstifte, Schere, ggf. Klebstoff oder Heißklebepistole

Legebilder

Kinder sammeln verschiedenste Dinge, ob es die bunten Plastiklöffel vom Eisbecher sind oder Federn, die sie bei einem Spaziergang entdeckt haben. Bei diesem Angebot können alle diese Dinge zum Einsatz kommen.

- Stellen Sie den Kindern die Dinge in Tüten oder Schalen zur Verfügung.
- Die Kinder wählen, ob sie ihr Legebild auf einem Tuch, einem Brett oder einem Stückchen Tapetenpapier anordnen möchten.
- Sie wählen nach Belieben verschiedene Materialien aus und legen daraus ein Bild, z. B. eine beliebige Form, ein regelmäßiges Muster oder auch ein Mandala. Alternativ ist es auch möglich, bestimmte Figuren wie z. B. einen Baum oder eine Blume zu legen.
- Auf Tapete ist es auch möglich, zuvor einen Umriss aufzuzeichnen, z. B. ein Haus, ein Gesicht oder den eigenen Körperumriss, der anschließend mit Legematerial ausgefüllt wird.
- Auf dem Holzbrett oder der Tapete können die gelegten Bilder zum Abschluss mit Klebstoff oder Heißkleber angeklebt werden. Diese Bilder können dann an die Wand gehängt werden und zur Raumgestaltung beitragen.

Variante:
Die Tücher können nicht nur als Unterlage für das Legebild verwendet werden, sondern auch in die Gestaltung miteinbezogen werden, indem sie beispielsweise um ein zuvor gelegtes Gesicht oder eine Baumkrone herumdrapiert werden.

Tipps:
Auf Holzbretter aufgeklebte Legebilder eignen sich als „Fühlbretter", mit denen die Kinder unterschiedlichste Tasterlebnisse – sehend oder auch mit verbundenen Augen – sammeln können.
Mit dem Legematerial können auch Ketten gestaltet werden, die die Kinder z. B. an ihrem Geburtstag als Geschenk erhalten. Dafür werden die einzelnen Gegenstände mit einem Loch versehen und dann auf eine dickere Schnur oder ein Gummiband aufgefädelt. Eine nette Idee ist es, wenn die Eltern zu Beginn des Kindergartenjahres jeweils eine individuelle Kette für ihr Kind gestalten.

Luftballons

Gefüllte Ballons

Luftballons können nicht nur mit Luft, sondern zusätzlich mit weiteren Materialien gefüllt werden. Achten Sie auf jeden Fall darauf, dass die Luftballons nicht platzen!

Verrückte Ballons

- Blasen Sie die Luftballons ein wenig auf, füllen Sie jeweils ein Glöckchen, eine Murmel, etwas Wasser oder ein paar Reiskörner hinein und knoten Sie diese gut zu.
- Stellen Sie diese Ballons den Kindern zur Verfügung, sodass sie probieren können, wie sie sich „verhalten", wenn man sie rollt oder wirft. Der mit Reis gefüllte Luftballon erzeugt z. B. ein rasselndes Geräusch, der mit Wasser gefüllte Ballon beginnt seltsam über den Boden zu tanzen und der Ballon mit der Murmel bewegt sich (je nach Gewicht der Kugel) eher schwerfällig über den Boden.
- Vielleicht haben die Kinder noch weitere Ideen, wie die Luftballons gefüllt werden können.

Ballonfische

- Befüllen Sie verschiedenfarbige Luftballons mit etwas Sand, pusten Sie sie anschließend ein wenig auf und knoten Sie sie gut zu.
- Auf die so entstandenen „Ballonfische" können die Kinder mit einem wasserfesten Stift noch Augen und Schuppen aufmalen.
- Nun wird auf dem Boden ein blaues Tuch als Teich ausgelegt, auf das alle Fische gelegt werden.
- Sie sprechen nun folgenden Vers:

> Ich hab gefischt,
> ich hab gefischt,
> ich hab den ganzen Tag gefischt
> und dann den roten *(Farbe)* Fisch erwischt.

- Wenn Sie eine Farbe genannt haben, darf ein Kind den entsprechenden Ballonfisch nehmen.
- Wiederholen Sie den Vers so lange, bis der Teich leer ist.

Tipp:
Mit diesem Spiel trainieren die Kinder nicht nur spielerisch die Farben, sondern lernen gleichzeitig, das Ende des Verses abzuwarten und erst dann zuzugreifen.

Thema:
Farben

Bildungsbereiche:
Bewegung, Natur und Umwelt, Musik

Kompetenzbereiche:
taktile, visuelle und auditive Wahrnehmung entwickeln, Klänge und Farben entdecken, Ablauf einhalten

Alter:
ab 12 Monate

Anzahl:
1 Kind oder Kleingruppe

Material:
viele Luftballons, evtl. Luftballonpumpe, verschiedenes Füllmaterial wie z. B. Glöckchen, Reiskörner, Sand, Murmel, Wasser, wasserfester Stift, kleines Planschbecken

Tücher

Versteckspiel

Kinder ab einem Alter von etwa einem Jahr beobachten fasziniert, wie Dinge oder Personen unter einem Tuch verschwinden und anschließend wieder auftauchen. Besonders viel Freude bereitet es ihnen, wenn sie selbst etwas unter einem Tuch verstecken und dieses anschließend wieder wegziehen können. Bei solchen Versteckspielen können verschiedene Dinge benannt und damit der aktive und passive Wortschatz der Kinder spielerisch erweitert werden.

Beim folgenden Lied verstecken die Kinder jeweils die genannten Körperteile unter einem Tuch und lernen damit die passenden Bezeichnungen kennen. Jedes Kind benötigt ein Baumwoll-, Seiden- oder Chiffontuch.

Text und Melodie: mündlich überliefert

1. Meine Hände sind verschwunden, ich sehe keine Hände mehr. Da sind meine Hände wieder, tra-la-la-la la-la la.

2. Meine Füße sind verschwunden …
3. Mein Kopf, der ist verschwunden …
4. Mein Hals, der ist verschwunden …
5. Mein Bauch, der ist verschwunden …
6. Meine Knie sind verschwunden …

Tipp:
Setzen Sie jeweils die Körperteile ein, die die Kinder kennenlernen sollen.

Variante:
Statt einzelne Körperteile unter einem Tuch zu verstecken, können alle Kinder jeweils einem Kind ihre Tücher über den Kopf und evtl. auch auf den Körper legen und somit „verschwinden" lassen. Stattdessen wird dann gesungen:

Sophia ist verschwunden,
ich sehe sie nicht mehr.
Da ist Sophia wieder,
tralalala lala la.

Decken und Betttücher

Bewegung mit Decken und Tüchern

Mit großen Decken und Bettlaken, aber auch mit großen Stoffresten oder ausrangierten Gardinen können Kinder eigene, kreative Spielideen entwickeln. Des Weiteren bieten sich folgende Spielvorschläge an.

Wackeltuch

- Ein großes Betttuch aus Leinen wird auf dem Boden ausgebreitet.
- Alle Kinder verteilen sich um das Tuch herum und heben es gemeinsam hoch. Zunächst schütteln alle einmal das Tuch ganz fest.
- Dann bewegen die Kinder ihre Hände in gleichmäßigen Bewegungen nach oben und nach unten, sodass das Tuch rauf und runter schwingt.
- Während sich das Tuch hoch in der Luft befindet, können einzelne Kinder darunter durchlaufen und ihre Plätze wechseln.
- Wird ein kleiner Ball auf das Tuch gelegt, so achten die Kinder darauf, dass er bei den Schwungbewegungen nicht herunterfällt, bzw. bewegen das Tuch möglichst gerade.
- Auf ein Kommando hin setzen sich alle Kinder so auf den Boden, dass das Tuch auf ihren ausgestreckten Beinen landet. Durch Wackeln mit den Füßen erzeugen sie nun Wellen.
- Das herunterfallende Leinentuch wird zum Zelt, wenn alle Kinder gleichzeitig darunterkrabbeln und sich von innen auf den Tuchrand setzen. Nach einer kurzen Pause kommen alle wieder unter dem Tuch hervor.

Tipp:
Das Wackeltuch wird größer, wenn man mehrere Betttücher zusammenknüpft.

Deckenhöhle

- Eine Höhle kommt dem menschlichen Urbedürfnis nach Schutz und Sicherheit entgegen. Stellen Sie den Kindern ausreichend Decken und Bettlaken zum Bau einer Höhle zur Verfügung.
- Eine stabile und dauerhafte Höhle entsteht, wenn eine oder mehrere Decken über einen Tisch gelegt werden, sodass sie bis zum Boden überhängen.

Deckenfahrt

- Im Flur oder einem großen Raum mit einem glatten Boden wird eine Decke auf dem Boden ausgebreitet.
- Ein Kind setzt sich auf einer Schmalseite nahe am Rand auf die Decke.
- Ergreifen Sie die beiden Ecken am anderen Ende der Decke und ziehen Sie das Kind vorsichtig über den Boden. Hält es dabei das Gleichgewicht?

Tipp:
Vermeiden Sie ruckartige Bewegungen, damit das Kind nicht mit dem Hinterkopf auf den Boden fällt.

Thema:
Höhle

Bildungsbereiche:
Bewegung, soziale Beziehungen und Emotionalität

Kompetenzbereiche:
Körperwahrnehmung entwickeln, Gleichgewichtserfahrungen machen, Feinmotorik verfeinern, Gemeinschaft und Rhythmus erleben

Alter:
ab 6 Monate

Anzahl:
Gesamtgruppe

Material:
Decken, Betttücher

Decken und Betttücher

Deckenschaukel

Sanftes Schaukeln beruhigt Kinder und sie lassen sich damit in den Schlaf wiegen. Darüber hinaus ist es für die Ausbildung des Gleichgewichtssinns von großer Bedeutung. Liegen die Kinder dabei in einer Decke, so gibt ihnen das ein Gefühl von Geborgenheit.

Eine große Wolldecke wird auf dem Boden ausgebreitet und ein Kind legt sich darauf. Zwei Erwachsene nehmen jeweils die beiden Ecken am Kopf- und Fußende auf und heben die Decke mit dem Kind behutsam auf. Das Kind wird nun sanft hin- und hergeschaukelt. Beobachten Sie das Kind während des Schaukelns, ob es sich dabei wohlfühlt.

Wenn Sie das Schaukeln mit einem Lied begleiten, ist die Schaukelzeit von vornherein begrenzt und für die anderen Kinder verkürzt sich das Warten.

Text und Melodie: mündlich überliefert

Mül - ler, Mül - lers Sa - ckerl, bist ein schwe - res Pa - ckerl!
Der Mül - ler, der ist nicht zu Haus. Das Tor ist zu,
der Rie - gel vor, da werf' mer's Sa - ckerl vor das Tor.

Das Kind wird behutsam hin- und hergeschaukelt. Beim letzten Vers („da werf' mer's Sackerl vor das Tor") wird das Kind etwas stärker geschaukelt und zum Schluss vorsichtig auf dem Boden abgelegt.

Matratzen und Kissen

Bewegungsanregungen

Bieten Sie den Kindern in Abhängigkeit von ihrer motorischen und altersgemäßen Entwicklung entsprechende Anregungen an, mit denen sie ihre bereits erworbenen Fähigkeiten festigen und ausbauen können. Matratzen und Kissen eignen dafür sehr gut, weil sie einen hohen Aufforderungscharakter haben.

Krabbellandschaft

- Bauen Sie auf einer freien Fläche oder in einem mit einem Teppich abgegrenzten Bereich für längere Zeit einen Parcours aus Matratzen und Kissen auf.
- Krabbelkinder können hier nun Bewegungserfahrungen sammeln auf weichen und harten Untergründen, die stabil oder nachgiebig sind und unterschiedliche Bewegungsarten erfordern.
- Insbesondere beim Hinauf- und Hinunterkrabbeln wird der Gleichgewichtssinn geschult.

Tipps:
Sie können für den Parcours auch weitere Materialien wie z. B. Luftpolsterfolien, Isomatten, Luftmatratzen oder Schaumgummi verwenden.
Falls sich einzelne Kinder bereits in den Stand hochziehen können, empfiehlt es sich, einige stabile Kisten oder Kartons zwischen die Matratzen und Kissen zu stellen.

Variante:
Selbstverständlich eignet sich die Krabbellandschaft auch zum Hüpfen für Kinder im zweiten und dritten Lebensjahr, die bereits sicher stehen und laufen können.

Kissenspiele

Mit Kissen sind folgende Aktivitäten möglich:

- Die Kinder durchqueren den Raum auf einem Kissenweg, ohne dabei den Boden zu berühren.
- Die Kinder springen mit beiden Beinen über die Kissen.
- Die Kinder steigen auf einen Kissenberg und krabbeln darauf herum.
- Wer findet das Stofftier, das im Kissenberg versteckt wurde?
- Jedes Kind balanciert auf seinem Kopf ein Kissen durchs Zimmer, ohne dass es herunterfällt.
- Jedes Kind setzt sich auf ein Kissen und rutscht damit auf dem glatten Boden herum. Auf dem Boden verteilte Gegenstände können auf diese Weise von den Kindern aufgehoben und in einem Beutel oder Korb gesammelt werden.

Thema:
Krabbeln, laufen und hüpfen

Bildungsbereiche:
Bewegung, Natur und Umwelt

Kompetenzbereiche:
Grobmotorik verfeinern, Gleichgewichtserfahrungen machen, Bewegungsart erproben, taktile Wahrnehmung entwickeln

Alter:
ab 6/24 Monate

Anzahl:
Klein- oder Gesamtgruppe

Material:
verschiedene Matratzen und Polster, Kissen, Karton, Stoffbeutel, Stofftier

Besen

Thema:
Sport

Bildungsbereich:
Bewegung

Kompetenzbereiche:
Grobmotorik verfeinern, Körperwahrnehmung entwickeln, Kraft ausbilden

Alter:
ab 24 Monate

Anzahl:
Klein- oder Gesamtgruppe

Material:
Besenstiel oder Besen, evtl. Matratze

Besenstiel-Sport

Ein Besenstiel mit oder ohne Besen stellt einen interessanten Anreiz für Bewegungen dar. Für alle Übungen wird der Besenstiel von zwei Erwachsenen auf unterschiedlichen Höhen waagrecht gehalten.

Besenlimbo

- Zunächst wird der Besenstiel so hoch gehalten, dass die Kinder der Reihe nach darunter hindurchlaufen können.
- Nun verringert sich der Abstand zwischen Besenstiel und Boden immer mehr, sodass es immer schwieriger wird, unter der Stange hindurchzukommen, ohne diese dabei zu berühren: Die Kinder müssen sich klein machen, krabbeln auf allen vieren oder rutschen auf dem Bauch.

Besensteigen

- Wenn der Besenstiel sehr knapp über dem Boden gehalten wird, steigen die Kinder der Reihe nach darüber.
- Es wird immer schwieriger, je weiter der Besenstiel nach oben wandert.

Tipp:
Wer sich traut, kann auch beidbeinig über den Besenstiel springen.

Besenreck

Ein Kind nach dem anderen hängt sich an den Besenstiel und lässt sich dann auf einen weichen Untergrund, z. B. eine Matratze, fallen.

Tipp:
Eventuell können Sie den Besenstiel so weit oben halten, dass die Kinder kurz frei an der Stange hängen, bevor sie sich auf den Boden fallen lassen.

Gegenstände aus der Wertstoffsammlung

In diesem Kapitel werden Materialien für die spielerische Förderung von Kleinkindern vorgestellt, die normalerweise im Abfall landen. Diese Dinge lassen sich meist kostenlos besorgen und stehen nahezu unbegrenzt zur Verfügung. Indem die Kinder immer wieder auf das gleiche Material zurückgreifen können, entwickeln und erproben sie laufend neue Ideen. Auf diese Weise stehen das Experimentieren mit neuen und ungewohnten Materialien sowie das Kennenlernen und Entdecken ihrer Eigenschaften im Vordergrund. Gerade hier sind die Kinder in ihrer Kreativität und Fantasie gefordert, da der Spielzweck der Gegenstände nicht vorgegeben ist. Die Freude am Umgang mit den Materialien gibt Impulse für die Aktivitäten: z. B. durchsichtige Plastikflaschen, die mit unterschiedlichen Dingen gefüllt sind, bunt gestaltete Tetrapaks in verschiedenen Größen, glitzernde Folien, die interessante Geräusche verursachen.

Nach einer einfachen Umgestaltung können verschiedene Gegenstände auch für unterschiedlichste Erfahrungsspiele genutzt werden können: Cappucinopulverdosen als Steckspiel, Schraubdeckelfische für ein Angelspiel oder große Pappkartons als Spielhäuser.

Besonders erwähnenswert in diesem Zusammenhang sind Materialien, die in Baumärkten oder auf Baustellen als Abfall anfallen. Es mag zwar zunächst etwas umständlich sein, eine ausreichende Menge von Styroporblock- und Ytongsteinabfällen zu erhalten, jedoch lohnt sich dieser Aufwand insbesondere deswegen, weil die Kinder an diesen Materialien den Umgang mit „echtem" Werkzeug wie Hammer, Säge und Feile erproben können. Zum Erlernen und Ausführen der dafür erforderlichen Handlungsabläufe sind Anstrengung und Ausdauer gefragt. Stellt sich dabei schließlich Erfolg ein – nicht im Sinne eines fertigen Produkts! –, so spornt dieser zu weiteren Aktionen an. Auf diese Weise erfahren die Kinder ihre Selbstwirksamkeit.

Es empfiehlt sich – soweit möglich –, die Kinder und ihre Familien in das Sammeln der Materialien mit einzubeziehen, da es sich dann um ihr „eigenes" Material handelt und sie damit entsprechend achtsam umgehen. Auf diese Weise nehmen die Kinder außerdem den „Abfall", den sie ansonsten nach einmaligem Gebrauch achtlos weggeworfen hätten, bewusster wahr. Zugleich entwickeln sie so eine Wertschätzung für verschiedenste Rohstoffe, vielleicht gerade für die diejenigen, die zunächst wertlos erscheinen, und sie erschließen Möglichkeiten eines verantwortungsvollen und kreativen Umgangs mit ihnen.

Plastikflaschen

Thema:
Geräusche / Gewicht

Bildungsbereiche:
Bewegung, Naturwissenschaft und Technik

Kompetenzbereiche:
Grob-, Fein- und Handmotorik verfeinern, taktile und auditive Wahrnehmung entwickeln, Konzentrationsfähigkeit weiterentwickeln, unterschiedliches Gewicht erleben

Alter:
ab 12 Monate

Anzahl:
Klein- oder Gesamtgruppe

Material:
leere, saubere 0,5-Liter-Plastikflaschen mit Schraubverschluss, verschiedene Füllmaterialien (siehe nebenstehend), evtl. Klebeband zum Verschließen

Leere und volle Flaschen

Sowohl im leeren als auch im gefüllten Zustand haben Plastikflaschen einen hohen Aufforderungscharakter. Die Kinder sammeln damit elementare Erfahrungen im Hinblick auf Rolleigenschaften und das Gewicht.

Leere Plastikflaschen

- Stellen Sie den Kindern einige leere Plastikflaschen zur Verfügung.
- Sie können so selbsttätig entdecken, was eine Flasche alles kann: Eine stehende Flasche fällt leicht um und erzeugt dabei ein Geräusch. Eine liegende Flasche rollt, wenn man sie anschiebt.
- Lassen Sie die Kinder erkunden, wie sich diese Eigenschaften verändern, wenn die Flaschen teilweise oder ganz gefüllt werden.

Trockene Füllmaterialien

- Bieten Sie den Kindern mit verschiedenen Materialien gefüllte Plastikflaschen an, z. B. Reis, Erbsen, Maiskörner, Murmeln, Zahnstocher, kurze Farbstifte.
- Die Kinder nehmen die Flaschen in die Hand und erleben auf diese Weise unterschiedliches Gewicht.
- Dann bewegen sie die Flaschen: Wie muss man die Flasche halten, um ein Geräusch erzeugen zu können? Wie hört sich das Geräusch an? Wie ähneln oder wodurch unterscheiden sich zwei Geräusche?

Wasser als Füllmaterial

Unterschiedlich hoch mit Wasser gefüllte Flaschen können dem Gewicht nach geordnet werden. Bei gleichen Flaschen wird anhand des Wasserstands die Reihenfolge überprüft.

Tipps:
Die Deckel der mit Wasser gefüllten Flaschen sollten vorsichtshalber zugeklebt werden.
Vor dem Einfüllen kann das Wasser mit Lebensmittelfarbe oder Wasserfarben gefärbt werden.
Die Flaschen können mit bunter Klebefolie ansprechend gestaltet werden.
Die Flaschen können zu einem Parcours aufgestellt werden, den die Kinder auf verschiedene Arten durchlaufen, ohne die Flaschen umzuwerfen.

Flaschen im Kasten

- Für Kinder im Krabbelalter dient ein Getränkekasten mit gefüllten Plastikflaschen als Bewegungsanreiz: Um an die Flaschen heranzukommen, müssen sich die Kinder zunächst am Getränkekasten hochziehen und zum Stehen kommen.
- Während die Kinder sich mit einer Hand festhalten, ist es eine besondere Herausforderung, mit der zweiten Hand eine Flasche aus dem Kasten zu befördern.

Cappuccinopulverdosen

Steckspiel mit Dosen

Steckspiele fordern die feinmotorische Geschicklichkeit der Kinder heraus, da sie verschiedene Gegenstände in eine Öffnung werfen sollen. Der Vorteil des selbst hergestellten Spielmaterials liegt darin, dass der Schwierigkeitsgrad individuell bestimmbar ist.

> **Vorbereitung:**
>
> Die sauberen Cappuccinopulverdosen werden außen mit bunter Folie umklebt und ansprechend gestaltet. In den Plastikdeckel wird mit einem Cutter oder Teppichmesser eine Öffnung geschnitten, entweder als Schlitz oder eine andere Form – je nachdem, welche Gegenstände später in die Dose gefüllt werden sollen.

- Stellen Sie den Kindern mehrere Dosen mit unterschiedlich großen Öffnungen in den Deckeln sowie verschiedenes Material zum Stecken zur Verfügung.
- Die Kinder versuchen nun, die Gegenstände in die Dose zu stecken, z. B. eine Kastanie in eine runde Öffnung oder einen Bauklotz in eine rechteckige Öffnung.
- Sind alle Gegenstände in der Dose, öffnen Sie den Deckel der Dose und die Kinder können den Inhalt ausschütten. Das Spiel kann von vorne beginnen.
- Neben dem Erfolgserlebnis, es geschafft zu haben, den Gegenstand durch die Öffnung zu stecken, lieben Kinder erfahrungsgemäß das Geräusch, wenn der Wurfgegenstand auf den Dosenboden fällt.

Thema:
Stecken

Bildungsbereiche:
Bewegung, Musik, Natur und Umwelt

Kompetenzbereiche:
Feinmotorik und Auge-Hand-Koordination verfeinern, räumliche Wahrnehmung entwickeln, Klänge entdecken

Alter:
ab 12 Monate

Anzahl:
1 Kind oder Kleingruppe

Material:
Cappuccinopulverdosen mit Plastikdeckel, Klebefolie, Cutter oder Teppichmesser, Steckmaterial (z. B. Bauklötze, Ausstechformen, Kastanien, Korken)

Varianten:
Stapelt man sechs bunte Dosen zu einer Pyramide, so können die Kinder versuchen, sie von einem festgelegten Abstand mit einem kleinen Ball umzuwerfen.
Mehrere bunte Dosen werden nebeneinandergestellt und mit einem Klebeband umwickelt. Mit einem Kochlöffel können die Kinder dann auf die Deckel oder auch auf die Böden der Dosen trommeln.

Joghurtbecher

Thema:
Merkfähigkeit / Geschicklichkeit

Bildungsbereiche:
Bewegung, Natur und Umwelt

Kompetenzbereiche:
Merkfähigkeit schulen, gleiche Dinge einander zuordnen, Konzentrationsfähigkeit weiterentwickeln

Alter:
ab 12 Monate

Anzahl:
Kleingruppe

Material:
mehrere Joghurtbecher, je zwei gleiche kleine Gegenstände, z. B. Radiergummi, Gummibärchen, Bausteine

Becherspiele

Joghurtbecher sind vielseitig einsetzbar, da man damit Gegenstände verdecken kann. Alternativ eignen sie sich auch für Bewegungs- und Geschicklichkeitsspiele.

Schau genau!

- Drei gleiche Joghurtbecher werden mit der Öffnung nach unten nebeneinander auf den Tisch gestellt.
- Zeigen Sie den Kindern zunächst, dass sich unter allen Bechern nichts befindet, und legen Sie dann einen kleinen Gegenstand unter einen der Becher.
- Nun werden alle Becher ganz langsam vor den Augen der Kinder vertauscht.
- Unter welchem Becher befindet sich der Gegenstand jetzt?

Tipp:
Zu Beginn kann ein Kind seinen Zeigefinger auf den Becher mit dem Gegenstand legen, während Sie die Becher verschieben. Auf diese Weise können die Kinder nachvollziehen, warum sich der Gegenstand später unter einem – scheinbar – anderen Becher befindet.

Memory

- Für dieses Spiel werden acht (oder eine andere gerade Anzahl) Joghurtbecher mit der Öffnung nach unten auf den Tisch gestellt. Jeweils zwei gleiche Gegenstände werden unter den Bechern verteilt.
- Die Kinder drehen nun immer zwei Becher um und schauen nach, ob die sich darunter befindenden Gegenstände gleich sind.
- Sind sie es nicht, werden die Becher wieder über die Gegenstände gestülpt. Falls ja, werden die Becher mit den Gegenständen entfernt.

Bewegungsanregungen

Für eine Bewegungseinheit in einem großen Raum können Sie mehrere Joghurtbecher verwenden. Folgende Aktivitäten sind möglich:

- Die Becher werden mit der Öffnung nach unten im Raum verteilt aufgestellt – entweder beliebig oder als festgelegter Parcours. Die Kinder laufen nun um die Becher herum und springen darüber, ohne sie umzustoßen. Schwieriger wird es, wenn die Kinder mit den Füßen zusätzlich einen kleinen Ball zwischen den Bechern hindurch befördern sollen.
- Jedes Kind stellt einen Joghurtbecher auf die ausgestreckte Handfläche und versucht damit möglichst lange durch den Raum zu gehen.
- Die Kinder bauen aus Joghurtbechern einen möglichst hohen Turm. Dabei ist zu beachten, dass jeweils zwei Becher mit den Öffnungen bzw. Böden aufeinandergestellt werden müssen, da sie ansonsten ineinandergesteckt werden.

Schraubglasdeckel

Angelspiel

Dieses Angelspiel ist auch für jüngere Kinder geeignet, da die Fische magnetisch „anbeißen" und Erfolgserlebnisse leicht möglich sind.

> **Vorbereitung:**
>
> Die Deckel von Schraubgläsern werden als Fische gestaltet: Mit Acrylfarbe können Schuppen aufgemalt werden und wer will, kann aus Moosgummi oder Tonpapier noch Flossen ankleben. Nach dem Trocknen werden die Schraubglasdeckel mit Klarlack bepinselt oder besprüht. Für die Angeln werden an Rundholzstäbe Paketschnüre geknotet, an deren Ende kleine Ringmagnete befestigt sind.

- Stellen Sie als Teich eine große Schachtel oder ein Planschbecken auf, in das alle Fische hineingelegt werden.
- Die Kinder setzen sich um den Teich herum und werfen ihre Angel aus.
- Sobald die Angel in die Nähe eines Schraubglasdeckelfisches kommt, wird dieser angezogen und „gefangen".
- Die Kinder angeln so lange, bis der Teich leer ist. Anschließend ist es möglich, die Zahl der geangelten Fische durch Nebeneinanderlegen zu vergleichen.

Thema:
Geschicklichkeit

Bildungsbereiche:
Bewegung, Natur und Umwelt

Kompetenzbereiche:
Feinmotorik und Auge-Hand-Koordination verfeinern

Alter:
ab 24 Monate

Anzahl:
Kleingruppe

Material:
Schraubglasdeckel, Acrylfarbe, Klarlack, Pinsel, evtl. Moosgummi und Tonpapier, Klebstoff, Rundholzstäbe, Paketschnur, kleine Ringmagnete (Bastelbedarf), Schere, Schachtel oder Planschbecken

Tipps:
Testen Sie die Schraubglasdeckel vor dem Bemalen, ob sie wirklich von Magneten angezogen werden.
Größere Kinder können beim Bemalen der Deckel mithelfen und ihre eigenen Fische gestalten.
Den Schwierigkeitsgrad des Spiels können Sie durch die Anzahl der im Teich schwimmenden Fische steuern.

Verschließbare Plastikbehälter

Thema:
Geräusche

Bildungsbereich:
Musik

Kompetenzbereiche:
visuelle und auditive Wahrnehmung entwickeln, Handmotorik verfeinern

Alter:
ab 6 Monate

Anzahl:
Klein- oder Gesamtgruppe

Material:
kleine, gut verschließbare Behälter, z. B. Bonbon- oder Tablettendosen, Rasselmaterial, z. B. Maiskörner, Reis, Glitzerfolie, Schere

Rasseldosen

Diese Rasseln sind für kleine Kinder besonders reizvoll, weil sie sie mit ihren kleinen Händen ohne Kraftaufwand problemlos greifen und schütteln können.

Vorbereitung:

Füllen Sie die Dosen mit unterschiedlichem Rasselmaterial und verschließen sie sie gut. Es empfiehlt sich, die Dosen zusätzlich mit Glitzerfolie komplett zu umkleben, damit die Kinder sie nicht öffnen können. Zugleich werden die Rasseln damit schön gestaltet.

- Kleinere Kinder bewegen die Rasseln beliebig hin und her und sammeln so erste Hörerfahrungen mit Geräuschen.
- Die Rasseln eignen sich auch zum Begleiten von Liedern.

Varianten:
Von zwei gleich großen Joghurtbechern füllen Sie einen mit Rasselmaterial. Der Becherrand wird mit Kraftkleber oder Heißkleber bestrichen, worauf der zweite Becher mit der Öffnung nach unten aufgesetzt wird. Sobald der Kleber hart ist, wird die Verbindungsstelle nochmals mit Klebeband umschlossen. Mit Glitzerfolie, weiteren Klebebändern oder Aufklebern können Sie die Joghurtbecherrassel ansprechend gestalten.
Umschließen Sie die Öffnung einer leeren Klopapierrolle mit Tonpapier und umkleben Sie sie rundherum mit Klebeband. Dann füllt man die Rolle mit Rasselmaterial und verschließt anschließend die zweite Öffnung. Zum Schluss kann die ganze Rolle nochmals mit farbiger Folie beklebt werden. Falls Sie noch Filmdosen haben, können Sie selbstverständlich auch diese zur Gestaltung von Rasseln verwenden.

Tipp:
Erstellen Sie eine „Rasselkiste" mit vielen unterschiedlich gefüllten und beklebten Rasseldosen. Die Kinder räumen diese Kiste immer wieder aus und ein und gewinnen dabei verschiedene Hörerlebnisse.

Tetrapaks

Bausteine

Selbst hergestellte Bausteine aus Getränkekartons sind aufgrund ihres geringen Gewichts und ihrer Größe auch schon von kleinen Kindern gut zu handhaben und zu stapeln. Darüber hinaus ist hier eine große Formenvielfalt möglich.

Vorbereitung:

Kleben Sie saubere Tetrapaks von Getränken oder anderen Lebensmitteln mit durchsichtigem Klebeband sorgfältig an der Öffnung zu, sodass verschiedene Würfel- oder Quaderformen entstehen. Diese werden dann mit Acrylfarbe ansprechend bunt gestaltet und nach dem Trocknen mit Klarlack überzogen.

- Stellen Sie den Kindern die Tetrapak-Bausteine in einer Kiste oder in einem Korb zu Verfügung.
- Kleinkinder greifen zuerst nach einem Baustein, sehen ihn sich an und lassen ihn wieder fallen. Später lernen sie, zwei Bausteine aneinanderzuschlagen.
- Sobald sich die Kinder mit den Bausteinen vertraut gemacht haben, beginnen sie, diese nebeneinanderzustellen und aufeinanderzustapeln. Dabei entstehen zunächst noch „Zufallsprodukte", die die Kinder im Nachhinein z. B. als „Haus" oder „Auto" bezeichnen.

Tipp:
Wenn in die Tetrapaks vor dem Zukleben etwas Sand gefüllt wird, können sie aufgrund des Gewichts stabiler aufeinandergestapelt werden.

Variante:
Alternativ zu Tetrapaks können selbstverständlich alle Arten von Lebensmittelbehältern, wie z. B. Margarinebecher, Eierkartons oder kleinere Kartons zu Bausteinen zusammengeklebt und anschließend bemalt werden.

Thema:
Greifen und stapeln

Bildungsbereiche:
mathematische Grunderfahrungen, Natur und Umwelt

Kompetenzbereiche:
Grob- und Feinmotorik verfeinern, räumliche und taktile Wahrnehmung entwickeln, Kreativität entfalten

Alter:
ab 12 Monate

Anzahl:
Kleingruppe

Material:
ausgespülte Tetrapaks, durchsichtiges Klebeband, Schere, Acrylfarben, Klarlack, Pinsel, ggf. Sand, größerer Karton oder Behälter

Zeitungen

Thema:
Bewegung

Bildungsbereiche:
Kunst und Kultur, Bewegung

Kompetenzbereiche:
Körperwahrnehmung entwickeln, Feinmotorik verfeinern, Freude an Bewegung empfinden, Kreativität entfalten

Alter:
ab 24 Monate

Anzahl:
Klein- oder Gesamtgruppe

Material:
einige Tageszeitungen, Wäscheleine, Wäscheklammern, Paketklebeband

Achtung!
Druckerschwärze färbt ab – daher sollten die Kinder das Zeitungspapier nicht in den Mund nehmen!

Spiele mit Zeitungspapier

Zeitungspapier kann nicht nur im Rahmen kreativer Gestaltungsangebote zum Einsatz kommen, sondern bietet auch zahlreiche Möglichkeiten für interessante Spielanregungen.

Irrgarten

- Spannen Sie kreuz und quer durch den Raum auf Kopfhöhe der Kinder mehrere Wäscheleinen.
- Nun werden an diesen Schnüren mit Wäscheklammern nebeneinander Zeitungsblätter befestigt. Unterstützen Sie die Kinder dabei, indem Sie z. B. das Zeitungspapier an die Leine halten und die Kinder die Wäscheklammer daraufstecken.
- Es entsteht ein Irrgarten mit Wegen, durch die die Kinder laufen und/oder krabbeln und dabei das Rascheln der Zeitungen genießen können.

Zeitungszelt

- Kleben Sie gemeinsam mit den Kindern einige Zeitungsbögen mit Paketklebeband zu einem riesigen Zeitungsblatt zusammen.
- Die Kinder stellen sich nun außen herum auf und heben das Zeitungspapier möglichst gleichzeitig hoch und schwingen es vorsichtig ein bisschen auf und ab.
- Einzelne Kinder können sich jeweils unter das Zeitungszelt legen oder auch, je nach Höhe, darunter durchlaufen.

Bewegungsanregungen

- Stellen Sie den Kindern einen Stapel Zeitungspapier zur Verfügung und lassen Sie sie damit frei experimentieren: Sie können die Zeitungen z. B. auseinanderfalten, zerknüllen, zerreißen oder die Seiten der Reihe nach umblättern.
- Folgende Spielanregungen können Sie den Kindern ggf. darüber hinaus geben:
  - Die Kinder können mit dem Papier gezielt unterschiedliche Geräusche verursachen: z. B. lautes und leises Rascheln, Blättergeräusch.
  - Man kann sich auf den Boden legen und seinen Körper mit Zeitungspapier vollständig zudecken bzw. sich zudecken lassen.
  - Über beide zur Seite gestreckten Arme wird jeweils ein Zeitungspapierbogen gelegt, mit dem die Kinder durch den Raum laufen, ohne dass das Papier herunterfällt.
  - Wenn man einen Zeitungsbogen an zwei nebeneinanderliegenden Ecken über den Kopf hält und damit herumläuft, flattert das Papier.
  - Einzelne Zeitungsbögen werden auf dem Boden ausgelegt und die Kinder sollen nur über das Papier den Raum durchqueren, ohne den Boden zu berühren.
  - Aus zerknülltem Zeitungspapier entsteht ein Ball, mit dem man auf ein bestimmtes Ziel werfen kann.

Toilettenpapierrollen

Rund um die Rolle

Nachdem die Kinder das Toilettenpapier abgewickelt haben, sind auch mit den leeren Toilettenpapierrollen viele verschiedene Aktivitäten möglich.

Tasten und greifen

Auch ganz kleine Kinder greifen schon gerne nach leeren Toilettenpapierrollen. Auf dem Bauch liegend können sie aufgestellte Rollen umwerfen oder sie schieben die liegenden Rollen an, sodass sie ins Rollen kommen.

Fernglas und Lautsprecher

Toilettenpapierrollen ermöglichen neue, interessante Erfahrungen:

- Jedes Kind hält sich zwei Toilettenpapierrollen als Fernglas vor beide Augen und betrachtet den Raum. Was kann man dabei entdecken?
- Beim Sprechen hält sich ein Kind eine Toilettenpapierrolle vor den Mund. Wie verändert sich die Stimme? Wie hört es sich an, wenn man durch die Rolle jemandem etwas ins Ohr flüstert?

Tipp:
Wenn die Kinder nur eine Toilettenpapierrolle als Fernrohr verwenden, muss das zweite Auge zugekniffen werden, damit der Blick durch das Rohr erfahren werden kann. Da das Kindern dieses Alters in der Regel noch nicht gelingt, empfiehlt es sich, zwei Toilettenpapierrollen zu verwenden. Alternativ ist es möglich, sich das zweite Auge mit der Hand zuzuhalten.

Bewegungsanregungen

Für einfache und schnell durchführbare Bewegungsanregungen können Toilettenpapierrollen zum Einsatz kommen:

- Die Kinder springen über aufgestellte Rollen oder laufen dazwischen herum, ohne dass die Rollen umfallen.
- Eine Toilettenpapierrolle wird während des Gehens auf einer Handfläche balanciert. Wer schafft es, zwei Rollen gleichzeitig zu balancieren?
- Wie hoch kann eine Pyramide aus Toilettenpapierrollen gebaut werden?
- Die Kinder versuchen, eine Pyramide aus Toilettenpapierrollen mit einem kleinen Ball zu treffen und umzuwerfen.
- Zwei Kinder sitzen sich auf dem Boden gegenüber und rollen eine Toilettenpapierrolle hin und her.

Kugelbahn

Befestigen Sie einige Toilettenpapierrollen jeweils Öffnung an Öffnung mit Kreppband so auf einem festen großen Karton, dass ein langer Tunnel entsteht, der sich evtl. auch verzweigen kann. Der Karton wird entweder schräg auf einen Tisch gestellt oder in Augenhöhe der Kinder an der Wand befestigt. Die Kinder lassen nun von oben Kastanien oder ähnliche kleine Gegenstände durch diese Kugelbahn rollen.

Thema:
Wahrnehmung / Bewegung

Bildungsbereiche:
Kunst und Kultur, Bewegung, Naturwissenschaft und Technik

Kompetenzbereiche:
Feinmotorik verfeinern, visuelle und auditive Wahrnehmung entwickeln, Freude an Bewegung empfinden

Alter:
ab 6 Monate

Anzahl:
1 Kind oder Kleingruppe

Material:
leere Toilettenpapierrollen, Kreppband, Pappkarton, Kastanien oder kleine Kugeln

Schuhkartons

Thema:
Materialerfahrung

Bildungsbereiche:
Bewegung, Kunst und Kultur

Kompetenzbereiche:
Grob- und Feinmotorik verfeinern, taktile Wahrnehmung entwickeln, Freude an Bewegung empfinden

Alter:
ab 6 / 24 Monate

Anzahl:
Kleingruppe

Material:
Schuhkartons, Schere, Seiden- oder Chiffontücher, Klammerhefter oder Klebeband

Karton-Spielereien

Schuhkartons sind aufgrund ihrer Größe bereits für kleine Kinder gut handhabbar und für verschiedene Spielanregungen einsetzbar. Meist sind sie in Schuhgeschäften kostenlos erhältlich.

Tücher zupfen

- Schneiden Sie in die Seitenteile eines Schuhkartons rundherum Löcher von ca. 3 cm Durchmesser.
- Stecken Sie in den Schuhkarton einige Seiden- oder Chiffontücher, sodass durch jedes Loch ein kleiner Zipfel herausschaut.
- Verschließen Sie den Schuhkarton und stellen Sie ihn den Kindern zur Verfügung.
- Bereits Kinder ab sechs Monaten können die Tücher durch die Löcher aus dem Schuhkarton herausziehen.

Variante:
Alternativ zu den Tüchern kann man in den Schuhkarton auch glänzende Rettungsfolie stecken, die zudem ein interessantes Geräusch verursacht.

Bewegungsanregungen

Wenn Sie den Kindern einige Schuhkartons zum freien Experimentieren zur Verfügung stellen, werden sie sicherlich eigene Ideen entwickeln. Aber auch folgende Aktivitäten sind möglich:

- Die Kinder steigen mit beiden Füßen in je einen Schuhkarton und versuchen, sich vorsichtig auf dem Boden rutschend vorwärts zu bewegen.
- Steigt man mit einem Fuß in einen Schuhkarton, so kann man sich mit dem anderen Fuß am Boden abstoßen und „Roller fahren".
- Es ist gar nicht so einfach, sich einen Schuhkarton als Hut aufzusetzen und damit herumzugehen, ohne dass er herunterfällt.
- Man kann aus Schuhkartons Türme bauen, indem man entweder die geschlossenen Schachteln aufeinanderstapelt oder indem man zwei offene Schachteln mit einem hineingesteckten Schuhkarton „verbindet".
- Die Schuhkartontürme können mit einem Ball umgeworfen werden.

Schuhkartons

Streichelkiste

Kleinkinder nehmen ihre Umwelt in erster Linie durch Berührungen über die Haut wahr. Verschiedene Materialien fühlen sich auf der Haut unterschiedlich an. Dadurch wird die Wahrnehmung des eigenen Körpers unterstützt.

- Stellen Sie einen Schuhkarton mit Dingen von unterschiedlicher Oberflächenbeschaffenheit zusammen.
- Ein Kind ab einem Alter von sechs Monaten liegt auf einer bequemen Unterlage auf dem Rücken.
- Nehmen Sie jeweils einen Gegenstand aus dem Schuhkarton und streichen Sie damit dem Kind vorsichtig über die Hand- und/oder nackten Fußflächen. Benennen Sie dabei jeweils die Eigenschaft des Gegenstandes, z. B.: „Das ist ein ganz weicher Schwamm." oder „Der Topfreiniger fühlt sich etwas kratzig an."
- Halten Sie dabei Blickkontakt und achten Sie darauf, dass dem Kind die Berührungen angenehm sind und es sich wohlfühlt. Ältere Kinder können ihr Wohlbefinden selbst kundtun und vielleicht ihren Lieblingsgegenstand nennen.

Zum Trösten bei kleineren Verletzungen können Sie in Verbindung mit Materialien aus der Streichelkiste folgenden Vers sprechen:

> Liebes kleines Schäfchen,
> zeig mir dein Wehwehchen.
> Komm ein bisschen näher ran,
> damit ich dich gut trösten kann.
> Erst streicheln an den Fingerspitzen,
> dann zweimal auf der Nase kitzeln,
> dreimal kraulen auf dem Bauch
> und viermal an den Zehen auch.
> Nochmal pusten – oh, wie schön! –
> kannst gleich wieder spielen geh'n.

Tipp:
Größere Kinder können sich auch gegenseitig vorsichtig mit den weichen Gegenständen streicheln.

Variante:
Statt die Kinder mit den einzelnen Gegenständen zu streicheln, können Sie in den Deckel des Schuhkartons ein großes Loch schneiden, sodass die Kinder hineingreifen können. In dieser Tastkiste entdecken sie selbst die unterschiedlichen Materialien. Selbstverständlich können die Kinder darin auch Alltagsgegenstände oder Naturmaterialien, wie z. B. Tannenzapfen, Kastanien oder Blätter ertasten. In mehreren Schuhkartons können Sie auch unterschiedliche Materialien zusammenstellen.

Thema:
Tasten/Materialerfahrung

Bildungsbereiche:
soziale Beziehungen und Emotionalität, Sprache

Kompetenzbereiche:
Körperwahrnehmung und taktile Wahrnehmung entwickeln, Wortschatz erweitern

Alter:
ab 6 Monate

Anzahl:
1 Kind

Material:
Schuhkarton, verschiedene Materialien, wie z. B. Pinsel, Bürste, Fellstück, Feder, Wattebausch, Schwamm, Topfreiniger

Pappkartons

Thema:
Stadt / Wohnen

Bildungsbereiche:
Natur und Umwelt, soziale Beziehungen und Emotionalität

Kompetenzbereiche:
Kreativität entfalten, räumliche Wahrnehmung entwickeln, Freude an Bewegung empfinden

Alter:
ab 12 Monate

Anzahl:
Klein- oder Gesamtgruppe

Material:
große Pappkartons, Teppichmesser, Klebeband, Pappteller, mehrere Seile, Fingerfarben, Obstkiste

Die Kartonstadt

Aus großen Pappkartons kann man eine ganze Stadt herstellen, die sich hervorragend für kreative Spiele und erste Rollenspiele eignet.

Vorbereitung:

Große Pappkartons lassen sich z. B. über Elektrofachmärkte besorgen. Für ein Haus schneidet man in einen großen Karton mit einem Teppichmesser Fenster und Türen hinein und stellt den Kartonboden schräg zu einem Sattel- oder Pultdach auf. Eine stabile Obstkiste wird mitPapptellern als Lenkrad und Rädern zu einem Auto. Für einen Tunnel werden von zwei etwa gleich großen Kartons die Böden und Deckel mit dem Teppichmesser entfernt. Die beiden Röhren werden nebeneinandergestellt und mit Klebeband aneinander befestigt.

- Stellen Sie den Kindern die vorbereiteten Häuser, Autos und Tunnel zur Verfügung, sodass sie auswählen können, was sie farbig gestalten wollen.
- Die Häuser werden individuell mit Fingerfarben bemalt. Als weitere Details können ein Namensschild an der Tür, eine kleine Glocke als Türklingel und ein Briefkasten für die Post ergänzt werden. Der Fantasie sind hier keine Grenzen gesetzt.
- Auf einer Seite der Obstkistenautos wird jeweils ein Seil angebunden. Daran können Sie ein im Auto sitzendes Kind oder die Kinder ihre Stofftiere durch den Raum ziehen.
- Durch die Tunnel können die Kinder hindurchkrabbeln.

Tipp:
Es ist auch möglich, die Eltern in die Herstellung der Häuser mit einzubeziehen, z. B. im Rahmen eines Elternabends. Dabei entstehen erfahrungsgemäß viele unterschiedliche Gebäude.

Folien und Tapeten

Aus dem Baumarkt

Verschiedenste Materialien aus dem Baumarkt, die z. B. infolge eines Umzugs übrig sind, ermöglichen den Kindern interessante Erfahrungen und eignen sich für Gestaltungsarbeiten.

Raschelfolien

- Stellen Sie den Kindern verschiedene Folien zum freien Experimentieren zur Verfügung.
- Die Kinder ertasten die unterschiedlichen Materialien und entdecken die Besonderheiten, z. B. die Luftkammern der Luftpolsterfolie, die zerplatzen, wenn man sie zerdrückt, oder wie die Rettungsfolie sehr laut knistert und dass man sie nicht zerreißen kann.

Tipp:
Es macht den Kindern besonderen Spaß, wenn sie die einzelnen Folien aus einem großen Karton selbst herausziehen können.

Tapetenrolle

Mit einer Kiste voller Tapetenrollen können die Kinder verschiedene Erfahrungen sammeln: unterschiedliche Strukturen ertasten, das Gewicht einer Rolle beim Herausnehmen spüren, sie über den Boden rollen, die Tapete ab- und wieder aufwickeln.

Tipp:
Ein Kind legt sich ausgestreckt auf dem Rücken auf die Tapetenrolle und Sie umfahren mit Wachsmalkreide seinen Körperumriss. Wenn Sie die Umrisse anschließend ausschneiden, können die Kinder sie mit einem Gesicht und ihrer aktuellen Kleidung entsprechend farbig gestalten. Die Kinder erhalten so einen Eindruck von ihrer Körpergröße. Vielleicht möchten sich einzelne Kinder lieber auf dem Bauch liegend umfahren lassen oder auch nur die Hand oder den Fuß.

Thema:
Materialerfahrung

Bildungsbereiche:
Natur und Umwelt, soziale Beziehungen und Emotionalität

Kompetenzbereiche:
Körperwahrnehmung, auditive und räumliche Wahrnehmung sowie Ich-Identität entwickeln, Materialien kennenlernen, Kreativität entfalten

Alter:
ab 12 Monate

Anzahl:
Kleingruppe

Material:
verschiedene Folien, z. B. Luftpolsterfolie, Alufolie, Rettungsfolie aus dem Verbandskasten, Verpackungsfolien, Tapetenrollen

Styroporblöcke und Ytongsteine

Thema:
Material bearbeiten

Bildungsbereiche:
Bewegung, Natur und Umwelt, Kunst und Kultur

Kompetenzbereiche:
Feinmotorik und Auge-Hand-Koordination verfeinern, Ablauf einhalten, Materialien kennenlernen, lebenspraktische Fähigkeiten ausbilden

Alter:
ab 30 Monate

Anzahl:
Kleingruppe

Material:
Styroporblöcke, Ytongsteine, Abdeckplane, Werkzeug, z. B. Hammer, Säge, Feile, dicke Nägel mit großem Kopf, Schleifpapier, ggf. Kronkorken mit vorbereitetem Loch, ggf. Styroporflocken

Achtung!
Der Umgang mit Werkzeug erfordert besondere Vorsicht!

Kleine Handwerker

Kinder ahmen Erwachsene gerne nach und wollen daher auch wie sie handwerkliche Tätigkeiten ausführen. Begleiten Sie die Kinder beim Arbeiten mit Styroporblöcken und Ytongsteinen, anhand derer sie lernen können, verantwortungsvoll mit Hammer und Säge zu hantieren. Dabei steht nicht die Herstellung eines Produkts im Vordergrund, sondern der richtige Umgang mit dem Werkzeug.

Tipp:
Grundsätzlich ist für die Bearbeitung von Styropor auch stabiles Kinderwerkzeug aus Plastik geeignet. Doch da die Ergebnisse der handwerklichen Tätigkeit oft nicht zufriedenstellend ausfallen, empfiehlt es sich, echtes Werkzeug zu verwenden, d. h. einen leichten Hammer bzw. eine Säge mit nicht allzu scharfem Sägeblatt.

Sägen, hämmern und feilen

- Breiten Sie auf dem Boden eine große Abdeckplane aus, auf der die Styroporblöcke und Ytongsteine den Kindern zur Bearbeitung zur Verfügung gestellt werden. Es empfiehlt sich, anfangs Styropor zu verwenden, da es leichter gestaltet werden kann.
- Lassen Sie die Kinder zunächst mit dem Werkzeug frei experimentieren und geben Sie ggf. Hinweise zum richtigen und gefahrlosen Umgang.
- Die Kinder bearbeiten nun die Steine, wobei folgende Aktivitäten möglich sind:
  - Sie zersägen die Blöcke und Platten in immer kleinere Stücke.
  - Sie glätten die Schnitt- bzw. Bruchstellen mit der Feile oder mit Schleifpapier.
- Demonstrieren Sie den Kindern ggf., wie man mit einer Hand einen Nagel festhält und mit der anderen Hand mit dem Hammer daraufschlägt. Alternativ können Sie einen Nagel bereits so in den Styroporblock oder Ytongstein stecken, dass er feststeckt und die Kinder mit dem Hammer daraufschlagen.
- Es ist auch möglich, dass die Kinder auf diese Weise mit Löchern versehene Kronkorken oder anderes Abfallmaterial am Styroporblock oder am Ytongstein festnageln.

Styroporschnee

- Bieten Sie den Kindern eine Kiste mit Styroporflocken an – entweder gekauftes Füllmaterial oder das Abfallprodukt des Sägens und Feilens.
- Die Kinder rühren mit den Händen in den Styroporflocken herum. Wie fühlt sich das an?
- Als „Schnee" kann man sie auch in die Luft werfen und herunterschweben lassen.

Tipp:
In den Styroporflocken können kleine Gegenstände versteckt werden, die die Kinder finden und ausgraben sollen.

Verschiedene Wertstoffe

Klebecollagen

Es ist für Kinder besonders faszinierend, verschiedene Materialien auf Karton oder Papier zu kleben. Dabei entstehen äußerst kreative Collagen.

- Bedecken Sie den Arbeitstisch oder den Boden mit Abdeckfolie. Für die Kinder empfehlen sich Malkittel.
- Jedes Kind wählt einen Karton oder ein Stück Tapetenpapier als Grundlage für seine Klebecollage.
- Stellen Sie verschiedenste Abfallmaterialien zur Verfügung, die so klein geschnitten sein sollten, dass die Kinder damit beliebig experimentieren können. Alternativ stellen die Kinder selbstständig z. B. Papierschnipsel o. Ä. her.
- Unterstützen Sie die Kinder dabei, ihren Karton bzw. die Tapete dick mit Kleister einzustreichen. Das kann entweder mit einem Pinsel oder auch direkt mit der Hand erfolgen.
- Nun wählen die Kinder aus den vorbereiteten Materialien aus und gestalten damit ihren Karton: z. B. werden Wollfäden nebeneinandergelegt oder Locherschnipsel darübergestreut.
- Die Kinder füllen möglichst die komplette, mit Kleister bestrichene Fläche.
- Lassen Sie die Collagen anschließend ausreichend trocknen.

Variante:
Sie können den Kindern auch Mandalavorlagen oder andere Bilder zur Verfügung stellen, die sie mit den Resten bekleben.

Thema:
Materialerfahrung

Bildungsbereiche:
Natur und Umwelt,
Kunst und Kultur

Kompetenzbereiche:
Konzentrationsfähigkeit weiterentwickeln, taktile und visuelle Wahrnehmung entwickeln, Materialien und Gestaltungstechnik kennenlernen, Kreativität entfalten

Alter:
ab 30 Monate

Anzahl:
Kleingruppe

Material:
verschiedene Abfallmaterialien, z. B. Papierschnipsel, Bänderreste, Trinkhalme, Locherschnipsel, Stoff- und Wollreste, Styroporflocken, ggf. Sand, ggf. Schere, farbiger Tonkarton, Pappkarton oder Tapetenrolle, Kleister, breiter Pinsel, Abdeckfolie, Malkittel

Verschiedene Wertstoffe

Thema:
Materialerfahrung

Bildungsbereiche:
Natur und Umwelt,
Kunst und Kultur

Kompetenzbereiche:
Konzentrationsfähigkeit weiterentwickeln, Materialien und Gestaltungstechnik kennenlernen, Fantasie und Kreativität entfalten

Alter:
ab 30 Monate

Anzahl:
Kleingruppe

Material:
Joghurt- und Margarinebecher, Eierkartons, leere Toilettenpapier- oder Küchenrollen, Plastikdeckel, Geschenkbandreste, Papierschnipsel usw., Klebstoff, durchsichtiges Klebeband, Heißklebepistole

Fantasieplastik

Im Gegensatz zu den zweidimensionalen Legebildern (siehe S. 42) und Klebecollagen (siehe S. 63) bietet das Gestalten einer Plastik die Möglichkeit des dreidimensionalen Arbeitens.

- Stellen Sie den Kindern eine große Kiste mit gereinigtem Wertstoffmaterial zur Verfügung. Am besten eignen sich dafür Verkaufsverpackungen aus Karton oder Kunststoff.

- Lassen Sie die Kinder zunächst frei damit experimentieren und individuelle Ideen umsetzen, sowie Kombinationen und Konstruktionen erstellen. Der Fantasie und Kreativität sind keine Grenzen gesetzt!

- Sobald die Kinder etwa wissen, wie ihre Plastik aussehen soll, können Sie ihnen durchsichtiges Klebeband oder Klebstoff zur Verfügung stellen, um die Einzelteile zu fixieren. Ggf. können Sie auch mit einer Heißklebepistole einzelne Teile zusammenkleben.

- Regen Sie die Kinder an, im Anschluss an die kreative Tätigkeit ihren Werken einen Titel zu geben bzw. sie zu benennen. So kann z. B. eine mit Papierschnipseln beklebte Küchenpapierrolle zu einem „Tannenbaum" werden oder ein mit Geschenkbändern beklebter Eierkarton zu einer „Pferdekutsche".